A Paradigm Design
for Children and Youth Services
in Japan

Constructing 'the Third Institution'
and Professionalism

生田周二
子ども・若者支援専門職養成研究所代表

子ども・若者支援のパラダイムデザイン

―"第三の領域"と専門性の構築に向けて―

かもがわ出版

はじめに

　本書は、これまでの研究[1]を踏まえ、子ども・若者支援に関わる次の点を明らかにしたいという思いから発している。

・日本の子ども・若者支援には四つの欠損[2]がある。すなわち、包括的な「第三の領域」の欠損、支援する「専門職」の欠損、それを支える「学問」領域の欠損、子ども・若者支援の権利性の欠損である。

・子ども・若者の自立を、でこぼこのある、いくつかの側面として見ることが重要である。

・従来の自立の検討では、文化的側面が脇に追いやられがちであるが、居場所づくりや人格形成において社会的側面とともに文化的側面の果たす役割が大きい[3]。

・子ども・若者支援にたずさわる者の専門性、専門的能力について整理された議論が少ない。ナレッジ・スキル・マインドをベースにしつつ、対人支援のなかで自らのセンスのもつ意味やケアとの関連性で支援を捉え直すことの重要性がある。

1　主に、科学研究費補助金・基盤研究（B）「子ども・若者支援専門職養成に関する総合的研究」（2003-2016年度、研究代表者：生田周二）および科学研究費補助金・基盤研究（B）「子ども・若者支援における専門性の構築―「社会教育的支援」の比較研究を踏まえて―」（2018-2021年度、研究代表者：生田周二）である。

2　欠損（deficit：赤字の意もあり）とは、「欠如」（lack）、「不足」（shortage）、「未完」（imcomplete）、「不十分性」という意味を含んでいる。検討が発展途上であり、未完成であるという意味合いである。

3　「文化」概念は、一般的には、人間社会と自然との対比において、人間が自然に働きかけてきた「物心両面の成果」であり、「衣食住をはじめ科学・技術・学問・芸術・道徳・宗教・政治など生活形成の様式と内容とを含む」（広辞苑第七版）ものである。ここでは、家庭や地域の居場所などでのお絵かき、イラスト、折り紙、ペーパークラフトなどの創作、クレープ作り、音楽など、人間的自然を含めて働きかける多様な取り組みが想定される。こうした文化的側面の取り組みは、興味・関心の広がり、自己理解のきっかけ、自然と社会の多様性の理解などに通じるとともに、秩序と混沌を生む（山口2000）。

・その場合に、支援の場、支援者と子ども・若者との関係性や環境のもつ教育
　的側面に配慮がより必要である。

1. "第三の領域" と「社会教育 (Sozialpädagogik, social pedagogy)」

　子ども・若者の家庭・学校から社会への移行ならびに自立を支援する、いわ
ゆる子ども・若者支援関連の施策が2000年代、とりわけ子ども・若者育成支
援推進法 (2009年) 以降、全国的に展開されている。それとともに、地域にお
ける居場所づくり、学習支援、生活支援、就労支援など多様な取り組みの展開
がある。
　その中で、子ども・若者支援の一環として図0-1 (第三の領域) 右側「ユース
ソーシャルワーク」、つまり社会的困難層に焦点化したターゲット支援を中心
とする取り組みに関する研究が進んでいる (埋橋・大塩・居神 2015；岩槻 2016)。
他方で特徴的であるのは、日本の場合、ユニバーサルな取り組みが弱い点が指
摘される (平塚 2012)。また、ターゲット支援の中で生じている問題点の分析で
は、学校を離れると継続的な支援がなくなる問題、児童福祉的措置が原則18
歳までという制約を含めて「人生の連続性での支援」がない問題がある。その
ため、教育、雇用、福祉、保健・医療などの包括的な環境整備をめざす「若者
移行政策」と「支援が必要な若者に関与する人材の養成」の必要が提起されて
いる (宮本みち子 2015：本書第3章参照)。
　支援の枠組みや専門性について検討する上で、ドイツを始めとする欧州の
「社会教育 (Sozialpädagogik, social pedagogy)」は示唆的である (Hamburger 2003；
F. ハンブルガー 2013；生田 2010；細井 2016)。それが、欧州の子ども・若者支援
において着目されている理由として、「全人 (whole person) としての子どもと
その総合的な発達への支援に焦点」を当てている点、またそれが子どもや問題
の背景にある関係性やコミュニティにも焦点を当てる「創造的アプローチ」
(チームワークと他者の寄与の重視) のスタンスをとっている点にある (Hatton
2013；松田武雄 2014；松田弥花 2017)[4]。

4　スウェーデンのsocial pedagogyは、Lisbeth Erikssonによれば教育学と社会福祉学を横断
　する唯一の研究領域とされ、右の三つのモデルを表している。本論の記述と通底する。

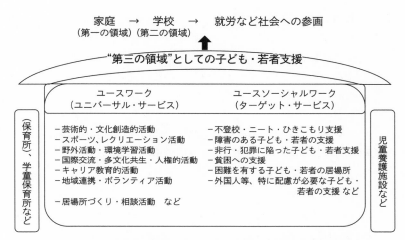

家庭　→　学校　→　就労など社会への参画
（第一の領域）（第二の領域）

“第三の領域”としての子ども・若者支援

ユースワーク
（ユニバーサル・サービス）

ユースソーシャルワーク
（ターゲット・サービス）

（保育所）、学童保育所など

－芸術的・文化創造的活動
－スポーツ、レクリエーション活動
－野外活動・環境学習活動
－国際交流・多文化共生・人権的活動
－キャリア教育的活動
－地域連携・ボランティア活動

－居場所づくり・相談活動　など

－不登校・ニート・ひきこもり支援
－障害のある子ども・若者の支援
－非行・犯罪に陥った子ども・若者支援
－貧困への支援
－困難を有する子ども・若者の居場所
－外国人等、特に配慮が必要な子ども・
　若者の支援　など

児童養護施設など

図0-1　“第三の領域”としての子ども・若者支援の枠組み

　以上の通り、本書のもとになっている研究は、子ども・若者支援（子ども・若者の家庭・学校から社会への移行ならびに自立支援）の包括的な枠組みを“第三の領域”とし、「社会教育的支援（Sozialpädagogische Hilfe; Social Pedagogical Support）」概念を作業仮説としている。

　この場合の「社会教育」概念は、法制度上の概念として学校教育、家庭教育に対置するものではなく、個人や集団の自己教育、相互教育による広義の学習活動の展開とそれへのサポートという機能を意味している。なお、社会教育の標記について、ドイツを始めとする欧州のSozialpädagogik, social pedagogyに由来する場合は括弧つきの「社会教育」を用い、日本の子ども・若者支援に関する議論では括弧なしの社会教育を使用する。

　また、「社会教育的支援」は、ソーシャルワーク的な支援とは共通点が多いものの、若者の成長・発達の支援という点ならびに将来の「自立」への道筋

表　エリクソンによる三つの社会教育学モデル

モデル	適応	編成・組織化	民主化
ルール	関係	行動	対話
方法	個人に対する援助・治療	社会に対する構造的方法	グループの活性化
姿勢	個人主義的	集団的、変革	実践知
概念	コミュニティ	解放、エンパワメント	陶冶、市民性

（松田武雄 2014:228; 参照：松田弥花 2017: 127）

を展望することにつなげる点が特徴的である。「社会教育的支援」を踏まえた子ども・若者支援の活動は、現在の若者の状況とニーズに基づく需要型であり、自発性と関係性を大切に場づくりや環境づくりをするインフォーマル学習あるいはノンフォーマル学習と関連している。その意味でも、共に作っていく社会構成的アプローチならびにケイパビリティ・アプローチの一環である。

　本書は、ドイツを始めとする「社会教育的支援」の視点を射程に入れつつ、日本の子ども・若者支援の構造的問題と専門性のあり方に迫ろうとするものである。

2. 子ども・若者支援のパラダイム（枠組み）不在と四つの欠損

　先ほど述べた通り、日本において子ども・若者支援の必要性が意識化されだしたのは2000年に入ってからであり、それは従来の青少年教育や青少年対策が子ども・若者が直面している課題に対応できる仕組みと構造になっていなかったからでもある。つまり、子ども・若者支援のパラダイム不在である。

　具体的には、子ども・若者支援の現場においては、教育、文化、福祉、就労などの多様な側面が構造化されていない現実、自立が経済的自立に一面化される傾向にある現実、既存の専門的資格（教員、保育士、社会福祉士、臨床心理士など）を持つ支援者によって展開されつつも子ども・若者の課題に沿った支援となっているのかどうか不安を抱える現実、特に支援者の専門性が明確でない現実、そのため支援する側の「子ども・若者支援の共通」の枠組みが見えにくい現実、児童福祉法が適用される18歳までとそれ以降の若者への支援の根拠法が不十分なために存在する大きな断絶、これらの点がこの間の研究で明らかになってきた。

　その仕組みと構造の弱点を別の表現ですれば、日本の子ども・若者支援には総じて次の四つの欠損があるということになる（生田2016c）。

Ⅰ　家庭、学校と並ぶ、30歳頃までの子ども・若者期を支援する包括的な"第三の領域"（図0-1）の欠損

Ⅱ　支援する「専門職」の欠損

Ⅲ　それを支える「学問」領域の欠損

Ⅳ　子ども・若者支援の権利性の欠損[5]

欠損理解の上では、ドイツの子ども・若者支援（子ども・若者支援）研究において示されている「子ども・若者支援の構造要素と関連領域」（図0-2）が示唆的である。検討課題を次の通り整理している（Flösser/ Otto/ Rauschenbach/ Thole 1998, 229-230；生田・大串・吉岡 2011, 175-177）。

　(a)組織：現実の組織の展開を分析し、制度化の過程を再構成し、実践・評価分析を行う
　(b)専門職性：職能、訓練、研修、方法論、ボランティア論など
　(c)対象：対象者と専門職との関係・相互作用、社会的な管理、生活状況分析など
　(d)提供・活動領域：施設調査、現状の活動分野の多様性の調査など
　(e)学問的研究：学問体系上の位置、理論的・基礎的課題の検討など

こうした全体像の把握の上に、ドイツでは青少年の自己実現と移行援助を課題とする子ども・若者支援（Kinder- und Jugendhilfe）が展開する。とりわけ教訓的であるのは、"第三の領域"としての子ども・若者支援が27歳未満の子ども・若者の権利であると子ども・若者支援法（1990年）に明記されている点である[6]。この点は、欠損Ⅳに関連する。つまり"第三の領域"の観点は、子ども・若者のだれもが地域の中で生活し、学び、活動し、働くことを大切にする「切れ目

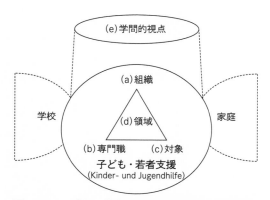

図0-2　子ども・若者支援の構造要素と関連領域

（Flösser/ Otto/ Rauschenbach/ Thole 1998, 230; Bock 2002, 309; 生田・大串・吉岡 2011, 176）

のない支援」のあり方を構築することにつながっているのである。

　そしてその理論と実践の学問的枠組みである「社会教育」が存在する。近年の新しい動向では、「社会教育」と成人に主に関わる「社会福祉援助活動（Sozialarbeit）」を統合し、教育と福祉の統合的視点からの「総合社会活動（Soziale Arbeit）」の位置づけが検討されている（生田 2017b；生田・帆足 2020）。

　図0-2から日本の子ども・若者支援を見ると、欠損Ⅰは(a)組織を中心に全体の枠組みに関わっており、欠損Ⅱは(b)専門職性に関わり、欠損Ⅲは(e)学問的研究に関わっている。また、欠損Ⅳの子ども・若者支援の権利性の欠損は(a)組織、(c)対象とも関連する課題である。

　以上から、本論の趣旨は、上記の欠損の背景を探ることを通して、新たなパラダイムとりわけ専門性構築への視座を示すことにある。

　本書の各部と章の構成は以下の通りである。

　第1章では、子ども・若者支援の概念整理を行う。支援、ケアなどの位置づけの整理である。

　それを踏まえ、第1部"第三の領域"では、四つの欠損のひとつである欠損Ⅰ"第三の領域"について、第2章でドイツでの議論、第3章で日本における欠損の背景、第4章では欠損Ⅲの学問領域の歴史・動向に関連して整理する。

　第2部子ども・若者支援の基礎概念は、欠損Ⅱの専門性の基本的な側面の研

究の検討を行っている。第5章では、自立をどう考えるのかについて「自立の五側面」を提案する。第6章および第7章では、自立を支える基礎概念としての居場所、自尊感情、対話を検討する。

　第3部子ども・若者支援の専門性では、欠損Ⅱに関わって、第8章および第9章において専門性欠損への対抗としての取り組みの経緯を踏まえ、新たな枠組みを検討する。

　最後に、補論としての第10章は、2020年2月以降のコロナ禍への対応が要請されるなか、コロナ後を見据えた問題設定を行っている。子ども・若者支援をsocial（社会的）な視点を中心としつつ、personal（私的）およびinstitutional（制度的）視点から考察している。

　以上を通じて、読者のみなさんと一緒に子ども・若者支援の枠組み・基礎概念・支援のあり方・専門性と専門的能力を考え合えればと期待している。

子ども・若者支援のパラダイムデザイン
―"第三の領域"と専門性の構築に向けて―

CONTENTS

第3部　子ども・若者支援の専門性

1 子ども・若者支援における概念整理
——支援、ケアとの関連において

プロローグ

　本書のもとになっている研究「子ども・若者支援における専門性の構築」の核は、支援者の支援にあり、支援者自身の実践とその専門性の言語化にある。

　子ども・若者支援領域の支援やケアの養成段階や研修において、それを担うに必要な専門的能力の形成を三つの要素に分けて検討することが一般的である。つまり、ナレッジ（知識）・スキル（技能）・マインド（価値観）である。それぞれ、カリキュラム化され、テキストなどの教材・研修資料が作られている。しかし、マインドとも関連するが、何を大切にする支援・ケアであり実践なのか、具体的な場面においてどう対応することが理論・方法（ナレッジ・スキル）や原則（マインド）を踏まえ、クライアントとの関係性の深まりとその人らしさを生かした、その場にふさわしい対応となるのか。それは、自分のものさし・判断基準ともいえるセンス（感覚）を磨いているかどうかにかかっているのではないか、そうした点が近年の研究活動の中で問題意識化されてきている。

　子ども・若者支援専門職養成研究所が開催したZoom版ラウンドテーブル「子ども・若者支援において『社会教育的支援』をどう位置づけるか (2)」（2020年5月24日）でも、大村惠（愛知教育大学）の報告「人格形成に視点を当て、教育的・集団的アプローチを探る」は、支援の現場の具体的な場面において対応する上で採られる"見立て"そのものがセンスの中核にあるのではないかと提案した。関連して、"感"や"センス"とはどのようなものなのか、どのように獲得、養成されていくのかについても議論された。参加者からも「センス・感受性について、確かに支援がうまくいくか、被支援者と良好な関係が築けるかについてはそういった要素があるのかなと思いました。一方でもっと詳しくセンスとい

う言葉の示す中身、実例などを知りたいなと思いました」など、具体的な内容構成を深める必要性が多く出された。

　支援の現場の具体的な場面と支援者の対応に関連すると思われる事件が、2016年7月26日に起きた津久井やまゆり園事件である。元職員である植松聖が、園において重度障害者19名を殺害し、26人に重軽傷を負わせた戦後最大の殺傷事件である。清水貞夫（2020）は、事件の核心は優生的想念や障害者ヘイトとし、植松が主張する「意思疎通の出来ない重度障害者は周囲を不幸にする」をいかにして抱くようになったのかの解明を重要視する。植松は園に就職当初は明確に優生的想念や障害者ヘイトを持っていたわけではなく、障害者の介護・支援に意欲を持っていたと思われる。しかし、植松が障害者施設で働く中で、「保護者の疲れきった表情、施設で働いている職員の生気の欠けた瞳」（植松の衆議院議長への手紙）という状況のなか、清水（2020：48）は「職場での先輩・同僚の利用者への対応を見るにつけ、優生的想念や障害者ヘイトをもつに至ったのであろう」と述べ、その背景にある現場の余裕のなさを問題にする。

　　「障害者支援の現場は、人手不足の中、過重な労働が蓄積・慢性化し、少なくない職員がバーンアウトしている。（中略）支援者による虐待、流し込むような食事の提供などをせざるを得ない状況があり、意欲をもって飛び込んできた植松被告[1]のような青年に、『意思疎通のできない重度障害者』などは存在しないという認識を促すだけの余裕を持っていないのではないかと思われる。」

　精神障害者自身が「当事者研究」を行いながら生活している「浦河べてるの家」理事長・向谷地生良も、施設のあり方が植松の障害者へのまなざしに起因する一面があると指摘する（雨宮 2019：264）。

　生産性と効率を至上とする社会風潮の中で、「新人職員が、先輩と話し合ったり疑問をぶつけたりする機会はなくなってしまうであろう。そこでは、重度重複障害者の意思疎通反応としての微細な動きと共感の仕方を指導することができない。」（清水 2020：49）状況が生まれていること、そうした入所施設の実態が地域社会との隔絶を生み、国連・障害者権利条約で謳っている地域社会で生活する平等の権利の実現を難しくしている点を指弾している。

1　2020年横浜地裁の裁判員裁判で死刑判決を受け、死刑が確定している。

　植松は、小学校教員免許を有しており、養成段階において教職に必要なナレッジ・スキル、それらの背景にあるマインドについてある程度学んで現場に入ったと考えられるが、一人ひとりのニーズに対応できない現場の支援環境や若手を育てる余裕のない職場環境の中で、障害者施設の意義や障害者支援のあり方にむなしさや懐疑的な想念を抱くに至ったのかも知れない。そうした意味では、理論と実践をつなぐセンスを磨き問い返す機会が奪われていたとも考えられる。

　以上の問題意識を踏まえつつ、本論では子ども・若者支援の「支援」をめぐって、支援者が行うケア、ならびに支援者側が実践に関わる際に支援を求めるクライアントとの関係性において重視されるべき点との関連でその布置について考察する。なお、センスについては、専門性のあり方について検討する第3部第9章で検討する。

1. 支援とは何か

1.1　支援が使用されるに至る経緯

(1) 学校教育（保育を含む）における議論

　支援という用語が使用されるに至る例として、1989年版の学習指導要領では「新しい学習観、学力観」の提示があり、そこではこれまでの学習のあり方と、学力の内容についての転換が求められている。つまり、「児童生徒の個性の重視」「学習者主体の授業：指導から支援へ」「生活科の新設」が特徴としてあげられ、"指導から支援へ"が特徴的なキーワードとなった。そこでは、学習指導案において「指導上の留意点」に支援の観点が加わったり、学校によっては「指導上の留意点」の欄が「教員の支援」に変更となるなどの状況が生じた[2]。

　指導との関連では幼年教育においても、1989年幼稚園教育要領、1990年保育所保育指針改訂を通じて政府の保育方針転換があり、保育者の働きかけについて使われていた「指導」という用語が「援助」へと転換した。あわせて、保

---

2 学習者主体と間接的な支援の強調により、問題点として、たとえば、学習者の目標設定を優先するあまり、基礎・基本の技能を学習者が習得できない状況の現出、教師が積極的な助言やフィードバックを実施しない状況などが指摘されている。

護者支援、子育て支援が明記され、家庭、保護者への教育・啓発や相談・援助的な活動が支援という言葉でくくられるようになる。

　特に指導から援助への転換は、「子どもが中心となる保育」、「環境による保育」が理念となっており、「一人一人の幼児」が「自らその環境にかかわること」によって、様々な活動が展開され、教師は幼児が「自ら活動が出来るよう必要な援助をすること」とされている。

　その背景には、1989年に採択された子どもの権利条約の子どもの"生存（survival）と発達（development）を可能な限り最大限に確保する"理念と関連があるとする見方が指摘されている。しかし別の面では、子どもの最善の利益である「興味・関心」に添うという子どもの権利条約の理念が十分に踏まえられず、保育や教育の形態の是非（自由保育か一斉保育か）がクローズアップされるようになる（鈴木 1998：45-49）。改訂以降、「援助」と関わって保育者は「受けとめる」という言葉をよく使用するようになる（金田 1998：4）。また、その「受けとめ」をめぐって現場では、教師の意図性と子どもの主体性との間で理解の混乱も指摘され、保育所で「『指導』か『援助』をめぐっては、子どもから『お片づけをしよう』というまで保育者は『片づけよう』と言葉かけ（指導）をしないなど現場では混乱がおこっていた」（早瀬・山本 2016：373）。

　他方、2000年前後から特殊教育から特別支援教育への転換がある。2001年1月文部科学省「21世紀の特殊教育の在り方について〜一人一人のニーズに応じた特別な支援の在り方について〜（最終報告）」が大きなターニングポイントとなっている。それ以前には、「通級による指導」「学習上の困難を有する児童生徒の指導方法」など指導が使われることが多かった。報告の中で指摘されている「特別な教育的支援」への転換は、盲・聾・養護学校や特殊学級における教育・指導の基礎を「場に置く考え方」から「児童生徒の特別な教育的ニーズに置く考え方」への移行を意味していた。そして、第一に特別な教育的ニーズの把握、第二に特別な教育的対応の内容と方法の明確化、第三にその他の児童生徒への対応の検討などが指摘されている。こうした点は、後に紹介するケア論でも、ニーズの把握を中心としてエンパワーすることを支える方向性と関連している。

(2) 子ども・若者支援領域における議論

　子ども・若者支援領域には、第3章で論じる三つの源流（文部省系の青少年教育、総務省・内閣府系の青少年育成・補導、厚労省系の勤労青少年福祉）があり、

総合的な子ども・若者施策は存在しなかった。1990年代始めのバブル崩壊後の終身雇用・年功賃金制の崩壊、非正規雇用の増加、それによるフリーターやニートの増加に伴い、従来の省庁ごとの教育・育成・福祉的対応だけでは機能しないため、2003年に政府に内閣府、文科省、厚労省、経産省合同の「若者自立・挑戦戦略会議」が設置された。同年「若者自立・挑戦プラン」を取りまとめ、具体的な政策として、①教育段階から職場定着に至るキャリア形成及び就職支援、②若年労働市場の整備、③若年者の能力の向上／就業選択肢の拡大、④若者が挑戦し、活躍できる新たな市場・就業機会の創出という就労に偏った政策が打ち出された。特に就労を支援する「ジョブ・カフェ」（2004年、就職セミナー、企業等での短期体験プログラム、職業相談などを提供）が各都道府県に設置され、キャリア教育の一環として中学校段階での職場体験の推奨に至る。

　今日的に影響が大きいのは子ども・若者支援育成支援推進法（2009年）と、そのもとでの大綱的文書「子ども・若者ビジョン」（2010年）である。「子ども・若者ビジョン」において三つの重点課題として次の点をあげている。

　　　・「すべての子ども・若者の健やかな成長を支援する」
　　　・「困難を有する子ども・若者やその家族を支援する」
　　　・「子ども・若者の健やかな成長を社会全体で支えるための環境を整備する」

　本研究では、上記の経緯を踏まえ、子ども・若者支援を“「子ども・若者の自立」に向けた「子どもから大人への移行」支援”として位置づけている。例えば、家庭から学校、学校などの教育・養成・研修の場から社会的活動や就労の場への移行が大きく関わっている。子ども・若者が抱える課題への対応と焦点化（ミクロ）、ならびに連携の見通し（メゾ）、さらに地域的な包括的視点（マクロ）の各レベルでの支援の諸相についても捉える必要がある。家庭、学校とは異なる“第三の領域”の存在による移行支援の枠組みづくりが今日的課題である。

　以上から、学校教育（保育を含む）においては「指導」との関連で、子ども自身の主体的な判断や教育的ニーズを踏まえたアプローチの重視という観点から「援助」「支援」が取り入れられ、子ども・若者支援領域では、教育・育成・福祉的な個別の対応を統合し、個々人の成長と家族・環境を支える視点から、とりわけ自立「支援」、就労「支援」などに重点を置きながら「支援」が位置づけられてきたといえる。

　このように、支援が社会的な認知を得、支援という用語が多用されているが、この用語の意味・構造について、権力関係、応答関係、共同の関係、協同的な

実践の視点から整理する。

1.2 力の不均衡への着目

support（サポート）の日本語訳[3]としての支援について今田高俊（2000：11）は次の定義を行っている。

> 「支援とは、何らかの意図を持った他者の行為に対する働きかけであり、その意図を理解しつつ、行為の質を維持・改善する一連のアクションのことをいい、最終的に他者のエンパワーメントをはかる（ことがらをなす力をつける）ことである。」

今田は、支援を管理への対抗概念と位置づける。支援型の社会システムは、これまでの目的合理性を中心とする管理、コントロールとは異なり、「さまざまな形であらわれている社会問題を解決するために不可欠」（今田2000：11）であり、支援の構成要素として、他者への働きかけ、他者の意図の理解、行為の質の維持・改善、エンパワメントが指摘されている。

また、子ども支援の視点から安部芳絵（2010：25）は、学校教育などで使用される概念である「指導」（guidance）[4]が「教育的な働きかけ一般を意味」し、「その際の働きかける側の主導性を前提」としていることに対して、支援とは、「教師の一方的な指導を避け、子どもの思いや願い、ものの考え方や発想を肯定的にとらえ、その方向で実現できるように援助してやることである。学習する子どもの自主性や主体性を促すものであり、小学校の生活科の指導などで多く見られてきた」としている。

---

3 類語には、援助（aid）、手助け（help）、補助（assist）がある。

4 ○「教科、教科外を問わずに、教育的な働きかけ一般を意味する。ある教育目標に向けて、適切な学習活動を組織し、目標に到達するまでの一連の働きかけの過程であり、その際の働きかける側の主導性を前提としている」（『新版　学校教育辞典』（2003））

　○「保育実践の場で、保育者が子どもに向かって意識的・組織的・計画的に働きかけていく教育的働きかけの総体を、広い意味で指導と呼んでいる。たとえばデューイは、教育実践における教育的働きかけの構造を、統制（control）、援助（guidance）、指導（direction）という3つの概念で整理しているが、こうした三重構造を持つ教育的働きかけの全体をさす用語としても指導という言葉が使われてきたのである。」（『保育小辞典』（保育小辞典編集委員会 2006：138））

　こう述べる背景には、「最近では、支援と指導とを対立的にとらえる傾向が強く、教えることをすべて否定するような混乱が一部生じている」という実態とともに、現場では「生きる力」の登場とともに、「学校における生徒指導をはじめ広く教科指導など、学校における全教育活動においても、教師の支援的な関わりを重視している」点があげられている。

　指導と支援の違いについては、両者間の力の不均衡の理解に基づく関わり方がポイントだとする。

　　「指導と支援は、学校現場であれば生徒と教師、家庭であれば子どもと親の、いずれが主となって力が作用しているかが両者の区分の分岐点となる。すなわち、生徒と教師の場合、力の不均衡を顧慮せずに教師が生徒に関わると一方的な働きかけになりがちであり、教師主導の指導に傾くことになる。一方、教師が生徒との力の不均衡を十分に顧慮している場合の生徒への関わり方は、支援に近づく。この意味で、子どもの権利論における『指導』は、こうした教育学的な支援の意味に限りなく近いといえよう。」

1.3　応答関係

　こうした力の不均衡への着目は、支援を考える際に指摘されることの多いポイントである。この不均衡への対応について、子どもの権利[5]の視点から保育研究を行っている浅田明日香（2016, 2017）は、子どもとの応答関係に着目する。

　1990年保育所保育指針改訂により「指導」から「援助」へと転換した点に関わって、「援助」あるいは「支援」と関連する「受けとめる」「受容する」という点について、「受けとめる」とは、「なんでも受け入れるのではなく、また逆に放任するのでもない、保育者との関係性の中で子どもの権利が保障されるもの」であり、そのために，「保育者には一定の指導的な関わり」とその「指導

5　ユニセフによる幼い子どもの権利の内容（0~3歳児）（出典：ユニセフ世界子供白書 2001：14）
　・身体的危険からの保護　　　・十分な栄養とヘルスケア　　・適切な予防接種
　・愛着をもつことのできる成人　・気持ちを理解し、応えてくれる成人
　・見て、触れて、聞き、嗅ぎ、味わうことのできるもの　　・自分の世界を探る機会
　・適切な言語刺激　　　　　　・新たな運動、言語、思考能力獲得のための支援
　・自立心を伸ばす機会　　　　・行動を抑制する仕方を学ぶための支援
　・自己のケアを学び始める機会　・毎日，多様な対象と遊ぶ機会

のあり方」が問われることになる点を指摘する（浅田 2016：2）。この点について、3歳未満の子どもの意見表明能力の形成の視点から整理したのが表1-1である（浅田 2016：8）。

表1-1　意見表明能力の形成要素

	子どもの姿	応答的関係のポイント	保育者の支援
1	自分の思いを表明する	信頼関係	わかることに心を寄せる
2	保育者や友だちの姿を自分の中に取り込んでいく	子ども集団の組織化	状況に目を向けるきっかけ作りや子ども同士の共感を育む
3	子どもの意志で、次の行動を選び取る	「子ども時間」の尊重	子どもが自分で進むのを待つ

　「まず信頼関係をつくり意見表明をつかみ、次に働きかけの試行錯誤によって子ども集団の組織化を行い、その上で『子ども時間』を尊重し、子どもが自らの力でより高次の課題に挑戦するのを待つことが保育者には求められるのではないだろうか。おそらく、それらによって意見表明能力が育つと考える。」

　なお、子どもの意見表明能力については、国連子どもの権利委員会の一般的意見第7号（2005年）は乳幼児期からの子どもの意見（views）を大人が受けとめることの重要性を指摘している[6]。また、国連子どもの権利委員会は、一般的意見第12号（2009年）において次のように述べている。

　「子どもの理解力の水準はその生物学的年齢と一律に関連づけられるわけ

6　国連「子どもの権利委員会　一般的意見7号（2005年）乳幼児期における子どもの権利の実施」（Convention on the Rights of the Child: GENERAL COMMENT No. 7（2005）: Implementing child rights in early childhood）の「14. 乳幼児の意見および気持ちの尊重（Respect for the views and feelings of the young child）」において次の指摘がある。
　「委員会は、第12条は年少の子どもと年長の子どもの双方に適用されるものであることを強調したい。もっとも幼い子どもでさえ、権利の保有者として意見（views）を表明する資格があるのであり、その意見は『その年齢および成熟度にしたがい、正当に重視され』るべきである（第12条1項）。（中略）。乳幼児は、話し言葉または書き言葉という通常の手段で意思疎通ができるようになるはるか以前に、さまざまな方法で選択を行ない、かつ自分の気持ち、考えおよび望みを伝達しているのである。」
　また、参加の権利の達成には、「おとなが子ども中心の態度をとり、乳幼児の声に耳を傾けるとともに、その尊厳および個人としての視点を尊重することが必要とされる。」

ではない。調査研究の示すところによれば，子どもの意見形成能力の発達には，情報，経験，環境，社会的・文化的期待ならびに支援水準（levels of support）のいずれもが寄与している。」

以上のように、子どもの声を受けとめ、信頼関係の構築に努め、その上で子どもの時間を大切にしつつ子どもの成長・発達の動きを待つことの重要性を指摘している。

1.4　共同の活動、共生的な関係性

日本生活指導学会編（2019）『自立支援とは何だろう？』は、前項の応答性にさらに踏み込み、地域生活指導[7]という概念を中心に自立支援のあり方を問題提起している。

生活指導は、一般的には、教科・学習指導と連携しながら、学習者の生活や社会との関係性を見据えながら自分づくり・仲間づくり・集団づくりに働きかけることを指す。日本生活指導学会では、人による指導―被指導の関係性ではなく、生活や場を共につくっていく共同性に重点を置く。生活過程（物質的・社会的・政治的・精神的）[8]ならびに共同性をより重視し、「ひとりの人間的に生きてありたいという存在要求に応答して、その人が必要とし、要求している生活と生き方・在り方を共同してつくっていく営み」として生活指導を位置づけている（竹内 2010：3）。

人間的尊厳を踏まえた生活過程の共同的検討は、自立支援にも次の視点を求める。

①社会公共的性格をもつ共同の活動を設計し、

②互いをよりよく生きることへと励まし合う共生的な関係を構築する。

7　地域生活指導は、「健康、暮らし、学習、仕事、地域での活動（中略）にまつわる自他の必要と要求とに応答しつつ、互いの人間的尊厳を回復あるいは発展させていく生活を共同してつくりだす」営みであるとしている（日本生活指導学会編 2019：10）。

8　折出健二は、生活を構成する活動過程として次の四点を指摘している（日本生活指導学会編 2019：18）。
　・物質的生活過程……生命の維持・発展のための活動、生活財を得るための活動
　・社会的生活過程……家族や地域社会での支え合い、生活手段の生産・分配・交換・消費
　・政治的生活過程……社会的・政治的・経済的諸条件の改善を志向
　・精神的生活過程……生き方（価値）の選択や自己実現

　「共同の活動」、「共生的な関係」は、つまり「専門家と支援の対象者、また対象者にかかわる人たちが地域生活をつくる当事者として相互主体的に活動し、つながっていく」ことだと考えられる。『自立支援とは何だろう？』では事例として、自立支援をめぐって、子ども・若者の貧困問題への対応の取り組み、児童養護施設における子どもの生活、不登校生徒との演劇実践、少年院における矯正教育の展開、統合失調症をもつ人の就労と生活との調和に向けた地域看護実践が取り上げられている。

　「地域生活指導」という概念は、このように「一人ひとりの生活と生き方をめぐる課題を『個人的な問題』の枠組みから解放し、世代を超えて共同で課題の解決にとりくむなかに新たな地域生活を創造していくことをめざす」（日本生活指導学会編 2019：17）ことを指している。

　この点は、宮本太郎（2017：221）が指摘する「〈支え合い〉の戦略」で語られている「より多くの人々が、働き、住み、暮らすことが可能なように、それぞれの次元で、『支える側』『支えられる側』、それぞれの制度の相互乗り入れがすすめられる必要がある」点と共通する。また、その前提として、「財政的コストをかけて、中間層をも対象として、幅広い人々の自立支援をおこなう」普遍主義的改革が求められる（同 218）。

1.5　協同的な実践

　こうした共同性、とりわけ専門家と支援の対象者などがともに「地域生活をつくる当事者」という点について、実践者（支援者・当事者・家族・研究者・行政関係者・市民等）の立場から問題提起するのが、若者支援全国協同連絡会（JYCフォーラム）の取り組みである[9]。JYCフォーラムは、支援にまつわる「支援─被支援」のタテの関係、「人対人」の二項関係、若者への「してあげる支援」か

9「一般社団法人 若者協同実践全国フォーラム」（略称：JYCフォーラム）は、2017年11月6日に法人格を取得し発足した。前身は、2005年結成の「若者支援全国協同連絡会」である。会の目的は、若者の「社会的孤立・排除の課題に向き合う実践者（支援者・当事者・家族・研究者・行政関係者・市民等）の実践や思いを交流しながら、若者が地域の主体となる実践とその交流・研究を支える場づくり」である。中心的な企画は、「社会的ひきこもり支援者全国実践交流会」の開催で、第1回和歌山大会は、2006年2月18日に行われた。以後毎年開催され、2015年の第10回大会から「全国若者・ひきこもり協同実践交流会」の名称となった。

らの脱却のために、支援の協同化、協同の関係性、「若者が生きられる社会づくり」に向けた協同的な実践運動を提唱し実践している。

「協同」の含意は、「実践者相互の連携や学びあいを可能とする実践コミュニティの構築」(若者支援全国協同連絡会 (JYC フォーラム) 編 2016: 84) である。その中で、支援する当事者側では、多様な資源や専門性をもった実践者の相互の協力・関係づくりが図られるとともに、過不足を補いあい、相互に育ちあう実践コミュニティの構築が図られる。他方、若者当事者は、社会の問題と関連づけつつ「自分の課題に向き合う力」を取り戻していくことになる (エンパワメント)。つまり、「当該問題の社会的条件や構造に詳しい『支援当事者』と、当該問題から派生してくる『苦しみ』を最も近くで受け取っている『若者当事者』との共闘により、社会問題を解決する営みは、それ自身が支援者の成長に寄与しますし、若者のエンパワメントを促す要素となる」(若者支援全国協同連絡会 (JYC フォーラム) 編 2016：88)。

ところで、共同や共生に関わって、共同―協同―協働の異同が語られることがある。本書では、次のように区分する。

- ・共同 (common; joint)：一緒に使う、一緒にいる場、連携して活動する (共同利用、共同浴場、祭りの共催など)；辞書の定義「①二人以上の者が力を合わせること」「②二人以上の者が同一の資格でかかわること」[広辞苑第七版] ……「連携」と関連
- ・協同 (cooperation)：同じ目的で集まり共同して協力する (協同組合など)；辞書の定義「ともに心と力をあわせ、助けあって仕事をすること」[同上] ……「ネットワーク」と関連
- ・協働 (cooperation; collaboration)：同じ目的のために集まり共同して働き活動する (学校地域協働など)；辞書の定義「協力して働くこと」[同上] ……「連帯」と関連

1.6　ドイツでの議論から

以上、日本での議論については、支援の持つ意味合いについて、力の不均衡、応答関係、共同の活動・共生的な関係性、協同的な実践から検討した。支援がより機能し当初の目的を達成するためには、力の不均衡の自覚を踏まえた上で、対話による応答関係を重視した共同性、一対一の関係性から多様性のある

協同の関係性へと組み替えていく柔軟性が求められている。

　これらの議論を整理する上で参考になるのが、ドイツの子ども・若者支援（Kinder- und Jugendhilfe）領域における Hilfe（支援、援助）をめぐる議論である。

(1) Hilfe（支援、援助）をめぐる議論……社会政策と「社会教育」との融合

　歴史的に検討すると、20世紀の始めまでは公的な「貧困扶助 Armenpflege」と私的な「慈善活動 Wohltätigkeit」や「キリスト教的な博愛的活動 Liebestätig-keit」の区分が存在していた。しかし、地域では、既に19世紀の初め頃から「福祉扶助 Wohlfahrtspflege」の概念が「貧困扶助」に取って代わりつつあり、それは社会的な問題状況の広がり（障害、病気、高齢、失業、非行・逸脱、孤児など）の反映でもあった。そのため、1902年には最初のハンドブック『ドイツにおける社会的福祉扶助ハンドブック』が出版された（Gängler 2005：774）。

　それはまた、近隣の国家よりも遅れて工業化したドイツにおいて「社会的 sozial」というフランスに起源を持つ用語が意味を増し始めることと関連する。「社会的 sozial」の自覚化は、1840年代に社会的問題「sociale Frage」として浮上し、「社会政策団体 Verein für Sozialpolitik」の設立（1872年）などにつながっている。こうした中で、「社会教育学 Sozialpädagogik」が1870年頃の女性運動の流れ（Lorenz von Stein, Alice Salomon 等）などにも影響を受けて登場した。それは、特定の困難者への支援だけではなく、女性を含めて広く個々人の可能性を広げることを意図していた。

　第二次世界大戦後においては、とりわけ1960年代のフェミニズム運動や学生運動などの影響を受け1970年代以降、支援（Hilfe）は、従来用いられていた Fürsorge（救護）に代わって用いられることが多くなった。その背景には、Für-sorge の有していた保護性、介入性への反省を踏まえ、「生活克服、生活世界・サービス業務志向の文脈における総合社会活動の新規定」や「それと結びついた方法的原理」、さらに「対象の拡大」すなわち「狭い意味での社会的な問題設定だけでなく、生活実践の日常的な問題」も対象とするユニバーサル化があった（Bauer 2017：217）。

　このため、Hilfe 理解も二重性があり、一方では社会政策的であり、他方では「社会教育」的であった（Gängler 2005：775）。図1-1でも指摘されているように、社会政策的な生活保障（社会福祉援助活動）と教育的な生活再生への対応（「社会教育」）が「総合社会活動」に求められている。また、1990年代はじめからは、社会学者ルーマンのシステム理論に影響を受けた議論も展開され、ミ

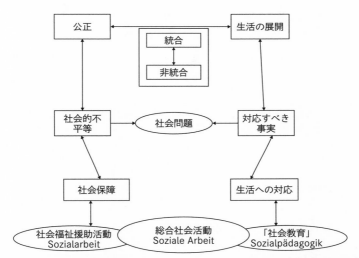

図1-1 社会福祉援助活動（ソーシャルワーク）と「社会教育」の関係性
（Maus/Nodes/Röh 2010: 17）

クロ・メゾ・マクロでの支援の展開なども検討されてきている。

こうした中で、支援を意味する「Hilfe は、総合社会活動（Soziale Arbeit）の中心的な構造特徴」となっている。

> 「Hilfe で理解されるのは、<u>社会におけるケア（Sorge）として、公共性のある社会的行為である。</u>それはある生活段階や生活状況において自分のことを自分自身で、あるいは直接的な周りの人々の支えがあってもうまく調整できない人々のための行為である。」（Schilling/Klus 2018：46）

具体的に支援の対象は誰か、いつ支援するのか、なぜ支援されるのか、どのように支援するのかについては、社会の人間像、生活のあり方、価値観とともに変遷する。19世紀以降の問題状況（障害、病気、高齢、失業、非行・逸脱、孤児など）への対応から、近年は生活の維持が社会的性格を帯び、保育、就学、就労、介護などを含めてすべての人々が支援の対象となる。Hilfe には、次の三つの形態がある（Rauschenbach/Gängler 1992: 46, in:Schilling/Klus 2018: 47）。

○私的・生活世界の形態：この形態は慈善的な、ボランティア的な性格を有し、減少傾向にある。

○社会政策（Sozialpolitik）の形態：金銭と権利に基づくデータで規定されている。

○個人に向けた社会的業務の形態：総合社会活動と公的な教育は必要不可欠になっている制度であり、私的な生活世界の形態の支援サービスを担うことが増えてきている。

その中でHilfeは、先ほど概観した通り1970年代頃から、だれもが生活において必要不可欠であり、また自らの人格の発達の点でも他者からの支援に依存することが普通のこととなっている。そのため、私的な生活世界の形態の領域も子育てや家事の一部を含め多くの場合、社会政策や社会的業務において補完され、援護されている。具体的には、医者、病院、自動車修理、保険、弁護士、商店、警察、聖職者などからの支援が日常的にあるいは一定の状況の下で存在する（参照：Thole 2011：28；生田 2020：18）。

こうした社会的な支援は、三つに分類できる（Schilling/Klus 2018：47）。

・一時的支援：予防的段階。人間の人格の全面的な発達に貢献する。

・二次的支援：問題の前段階での支援要請。問題の解決や克服のために、相談、支えを必要とする。

・三次的支援：事後的な支援の要請。問題が深刻化し、独自の動きを作り、第三者の支援なしでは見通せない状況が生まれている。

この三分類は、第2章で紹介する介入の強度（補完・援護・代替）を示した表2-2とも関連している。

(2) 支援モデルの例

総合社会活動の支援がどのようなモデルとなっているかについて、Schilling/Klus（2018：52）が支援モデルとして紹介する心理学者・セラピストのルーデヴィッヒ（Kurt Ludewig）による専門的・心理社会的ケアのコミュニケーション・モデル（Kommunikationsmodell）がある（図1-2）。

縦軸は、支援を求める者の目標として拡大と軽減を表している。拡大は、自身が問題に適切に対応できるように能力と判断基準の強化・拡大を目指している。軽減は、問題や苦しみの緩和・縮小に関わっている。横軸は、支援者側の方向性を示している。収束は、支援者が自らの構造を用いて継続的な関係性の構築を目指し、一緒に取り組むものである。分岐は、構造を触媒のごとく用いて支援し、支援を求める者の側に独自のプロセスが生起し、次の段階に引き継ぐことにより発展的に分岐していくことになる（Ludewig 2015：165-167）。

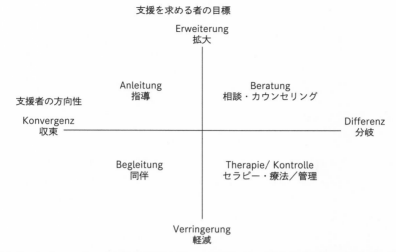

図1-2　コミュニケーションモデル (Kurt Ludewing: Kommunikationsmodell)
（Ludewig 2015: 166）

1.7　小括

　ドイツでの議論では、支援 (Hilfe) は社会におけるケアの一部であり、「公共性のある社会的行為」である。支援について、よりシステム化された理論構築を通じて、支援が重層的に展開されることが目指されている。特に、社会政策的な側面だけではなく、「社会教育」的側面との融合により、ソーシャルワーク的な課題解決・保障だけではなく、生活克服に向けた能力形成や課題把握力の形成も見据えている点が特徴的である。

　その中で、支援の方向性が支援を求める者のニーズとして、エンパワメントの方向性である拡大に向かうのか、心配や苦しみの緩和・軽減に向かうのかによって対応が異なり、また協同の在り方も様々な方向へ分岐していくのか、支援者と支援を受ける側との間において収束するのかという方向性が考えられる。こうした点は、「ケア」とも深く関わっている。

2. ケアについて

2.1 ケアの定義

(1) 自己実現か、緩和か

　ケアは、『保育小辞典』（保育小辞典編集委員会 2006：81）によれば、一般的には看護・介護・育児などの領域で使われることが多く、「相手に対する配慮と責任をともなった保護や世話、あるいはそれをすること」を指し、「世話をする・面倒を見るという行動レベルと、他者への関心や心配りという心理レベルの、両方の側面を持つ」とされる。

　なお、「近年、教育の場でも、『ティーチング（teaching）』を問い直す営みとして注目されている」。つまり、ティーチングが「教育目標を持ち対象に意図的に働きかける」主導的・能動的な営みであるのに対して、ケアあるいはケアリングは「対象の要求に応えるという応答的・受動的な営み」であり、信頼の土台を築く営みであるからである。この点は、第1節で取り上げた「指導」をティーチングに、そしてケアを支援に置き換えて考えてみると相関している部分が大きい（参照：ノディングズ 2007；柏木 2020）。

　ところで、1970年代にケアの重要性を提唱したミルトン・メイヤロフ（1971=1987：13）は、「一人の人格をケアするとは、最も深い意味で、<u>その人が成長すること、自己実現することをたすけることである。</u>」と述べている。また、山﨑勢津子（2019：14）は、メイヤロフに学びながら、ケアとは、「<u>"自分らしく生きること"が妨げられている状態にいる人に対して自分らしく生きること（その状態へと変化すること）を支援する</u>」ことだとする。山﨑については後に詳述する。この両者は、ルーデヴィッヒ（Ludewig）の支援モデル（図1-2）を参照すると、支援を受ける者の可能性や能力の拡大を志向している。

　他方、村田久行（2010：34）は、医療・福祉分野の対人援助における専門性の観点から、ケアを「関係性にもとづき、関係の力で相手の苦しみを和らげ、軽くし、なくする」ことと定義する。それとともに、キュア（cure、治療）とケア（care、援助）の相違を「科学技術をもって」取り除くのか、「関係性の力をもって」対応するのかの違いがあるとしている。また、キュアが疾患や環境などの客観的状況を変化させることを目的とするのに対して、ケアの場合は主観的な

想い・願い・価値観が変わるのを支えることをねらいとするという相違がある。いずれにしても、支援モデルで指摘されている軽減・緩和を志向している。

　また、看護学の立場から1990年代始めにケアの役割に着目した筒井真優美（2018：145）は、ケアリングの定義を「変化していく個人または集団の状況を認識し、人々の反応・ニードに沿って専門職としてかかわること」で、「変化する状況」をとらえることだとし、下記の図1-3を示している。

先行要件	定義	結果
・看護師としての 　知識 　技術 　態度 ・ケアリング環境	変化していく個人または集団の状況を認識し、人々の反応・ニードに沿って専門職としてかかわること	・人々の安寧 ・自己実現 ・ヒーリング ・看護師の自己実現 ・ヒーリング ・ケアリングを支持する環境

図1-3　ケアリングの概念分析

（筒井 2018：145）

　上図でとりわけ重視しているのが、「ケアリング環境」である。ケアリングの意義として、個人にもたらす意義、学問における意義とならんで、環境にもたらす意義「ケアリングによって人々が癒されることにより、ケアリング環境が創造される」ことが大切で、それを通じてチーム全体のケアの質が向上するとしている（筒井 2018：147）。別の表現をすれば、「ケア提供者が支援される環境にいなければケアリングは難しく、癒されていなければ人を癒すことは難しい」のである（筒井 2018：152）。この点は、ノディングズがケアの教育において道徳教育を援用して重視する四つの構成要素、模範（モデリング）、対話、実践、確証と関連する。とりわけ、模範と深く関連する。つまり、「ケアする能力は、ケアされる経験が十分あることによるかもしれない」のである（ノディングズ 2007：55）。環境や場の意義については、次の受容と応答性、ならびに社会との連帯とも深く関連する。

(2) 社会との連帯

　トロント（Tronto 2015: 3; Tronto 1994: 30）は、「最も一般的な意味では、ケアは、私たちが私たちの世界をできる限りよく生活できるように維持、継続、修復するために行うすべてのことを含んでいる活動の一種である。その世界は、私た

ちの身体、自身、環境を含み、そのすべてを私たちは複雑で、生活を持続する
網の中に織り込もうとしている」と述べている。そして、ケアの五局面を指摘
する（Tronto 2015: 5-7, 14）。

- ニーズの把握（caring about）：［クライアント一般を］「気にかけること」
  （Noddings 1984, 2002）でもある。ケアはニーズに向き合うところから
  進むため、注意深く（attentive）ニーズを特定すること（identifying caring
  needs）が重要となる。
- ケアの対象への責任（caring for）：［特定の他者を直接的に］ケアするこ
  とを意味し、「責任（responsibility）を受け入れ、何かをなさねばならない
  と理解することは、ケアの第二の局面である」と述べている。
- ケアの実践能力（caregiving）：ケアの担当者は、自分の行為に関して意
  識と意図を持ち、能力がある（competent）ことが求められる。
- ケアの受容と応答性（care-receiving）：ケアが効果的かどうか、つまりケ
  アにおいて何が起こっているのか、ケア受容者がケアにどう反応してい
  るのか、次はどうすべきかを検討する上で必要である。応答的に（re-
  sponsive）対応することの重要性である。
- 連帯（caring with）：上記四つの原則と関与し、「相互に、社会的・政治的
  制度において信頼し、他の市民と連帯を感じ、他の市民を私たち自身の
  ケアの提供と受容におけるパートナーとみなす」（Tronto 2015: 14）。この
  連帯的局面は、新しい民主主義の理想だとしている。

　以上の通り、最初の四つのケアの局面は、市民を注意深く、責任感があり、
有能で、応答的な者として想定し、最後の局面「caring with」はパートナーシッ
プを重視し「我々の新しい民主主義の理想」である連帯的な側面に期待をかけ
ている。また、「応答性は、力関係、偏見、依存が人間関係にどのように入り
こむかを認識するよう求めている（Ward 2007）」。
　トロントは、民主主義のあり方に対して、ケアによる人間の関係性の変革に
期待をかけている。そして、「民主主義は、人々が平等であることを必要とす
るが、主に、ケアは不平等に関している。不平等なものを平等なものに転換す
ることについてどう考えることができるか？」を模索している（Tronto 2015:
13）。その一つの選択肢は、「社会のおけるケアのニーズと実践の多様性につ
いて考え、その多様性に適合する社会的制度を創造するように試みるべきで」、

そのためには柔軟性 flexibility が肝要となる（同上 39）。

　以上、ケアは、その人の成長、自己実現を助けることを基本としつつ、その人自身の世界をできる限りよく生活できるように維持、継続、修復するために行うすべてのことを指す。その場合、ケアする側は、ニーズに対して注意深く、責任感があり、有能で、応答的な関係を築ける者であるとともに、ケアの受け手とともにパートナーシップ関係を合わせて作ることができる者であることも期待される。とりわけ、ケアを支える場や環境、パートナーシップ関係を作っていくためには、関係性の中に潜む力関係、偏見、依存に感受性をもって対応することが求められている。

2.2　ケアへの視点

(1) 自己へのコントロール感覚

　山﨑勢津子（2019：14）は、先ほど紹介した通り、ケアとは「"自分らしく生きること"が妨げられている状態にいる人に対して自分らしく生きること（その状態へと変化すること）を支援する」こととし、二つの視点「温かな関心を注ぎ続けること」「展開を阻まないこと」の大切さを指摘している。

　とりわけ、「展開を阻まないこと」に関わって重要な指摘は、「"相手の変化や成長、そのタイミング"に着目する」点ならびに「ケアを動的プロセスとして捉える」点である（山﨑 2019：44）。この両者は、竹端寛（2012: 154）が指摘する「成解」をともにつくることにつながる。つまり、あらかじめ決まっている答えを指す「正解」（これ以外は誤りである）を求めるのではなく、その状況においてもっとも受け入れやすく成立可能な答え「成解」（これ以外にも選択肢はある）を一緒に模索することである。

　動的であることは、「創造性の余地」、「動きの柔軟性と自由度」があることを指し、「ケアする人とされる人との間で起きること（展開）の中に答えを見出していくことができる」ことである（山﨑 2019：52）。山﨑は、車の運転にたとえて、ケアする人は助手席の同乗者で、ケアされる人は運転者だとする。

　　「どういうルートを通ったとしても"その人が自分らしく生きること"、つまりその人が自分の通ってきたルート（そしてこれから進むルート）に意味を見出し、『自分の握ったハンドルで自分の思ったところに行ける』と実感す

ることが大事です。運転手も同乗者も思ってもみなかった場所にたどり着く
ような柔軟性と自由度、これがケアの動的プロセスなのです。」(山﨑 2019：53)

(2) 視点の転換から主体性の回復へ

こうした動的プロセスの展開の中で、「理不尽な出来事に見舞われて"自分
らしく生きること"が妨げられている状態」からの脱皮が試みられていく（山
﨑 2019：115）。

> 「ケアする人が注ぎ続ける温かな関心と信頼によって、相手が抱える種々
> の否定的な感情を解消することはできないかもしれません。けれど、少な
> くとも"それ以外のもの"へと視線を移すきっかけにできるのではないか
> と思います。それがうまくいくと、その人の中で『すでに取り戻すことの
> できない過去』や『あったかもしれない未来』がいくらか遠のき、今度は
> "今ここで"が浮上してくるのです。そのようにその人の中で視点が動き
> 始めると、がんじがらめのように思えた鎖が少しずつ解け始めます。
> 　"今ここで"に目が向き始めることが、自分自身をケアする第一歩です。」

"自分らしく生きること"を"今ここで"始めようとする、それが主体性の回
復につながる。ある意味、主体性、あるいは主体的に生きるとは、"自分らしさ"
を求めて今を生きることであり、「自分自身」「今」を問うことである。しかし、
難しいのは、自分自身が何者かは他者との間での相互のコミュニケーションや
活動の中で分かることである。レヴィンの場の理論からも、心の所在は「他人
の目」を意識しつつ、「心は人と人との間にある」（入戸野・綿村 2019）。不登
校などの場合、従来からその子どもの「心」すなわち「個人の特性」(personality)
の様相に帰されることが多いが、子どもを取り巻く人などの環境要因の中で揺
れ動いていることを語ってくれている。

(3) 場と環境……ケアの醸成と教育

以上の二者関係とは別に、トロントの連帯への志向性、ならびに筒井が指摘
する「ケアリング環境」の重要性に関連して、山﨑も「ケアの仲間と場をはぐ
くむ」大切さを指摘している。それは、三つの側面がある：「ケアの仲間を育
てる」「仲間をケアする」「ケアの場を醸成する」。
「ケアの仲間を育てる」は、ケアの教育であり、ケア従事者が「ケアの動的プ

ロセスやケアの循環を体験すること」と「その体験で得たものを言語化して理解すること」の繰り返しが、人の成長にとって重要だとする（山﨑 2019：127）。

「仲間をケアする」は、対応の失敗により萎縮するのではなく「萎縮が解除されている現場」が大切である。そこでは、「自分の査定よりも学びが重要であり、失敗が単なる叱責で終わることがない」「相手に『こうすべき』と正解を教えるのではなく、あくまでもケアの視点を共有し直し、相手の話を聞くことで"状況をよく見ること"と"自分で考えること"を求め、言語化を促す」（山﨑 2019：133）。

「ケアの場を醸成する」には、多様性の受け入れと外部とのつながりにより、「ケアし、ケアされる循環」があることが大切である。多様性については、対応のあり方やケアの理解について下記の点で率直に話し合うことを求めている（山﨑 2019：138）。

　　・自分たちの多様性がケアに役立っているかどうか
　　・自分たちが過度に管理的な視点に傾いていないか
　　・この場で大切にしたいケアはどういうものか

こうした「場のケア」の重要性は次の点にある。

　　「場のケアは個人のケアとつながっており、最終的には個人のケアに還元されます。私たちは時に場の安定性を保つことを第一に考えて、個人を軽んじてしまう傾向を持っています。たとえば場の空気を乱したり、集団の規律からはみ出そうとしたりする人に対して、ケアではなく指導を行うことが現場ではよくあるのではないでしょうか。（中略）相手とともに"その人と場のあり方"を一緒に考える、その過程で特にその人の悩みや苦しみに耳を傾け、特に変化を促すという個別の関わりがとても重要なのです。個人と場の両方がゆるやかに変化していくプロセスこそが動的プロセスだといえます。」（山﨑 2019：140-141）

この点に関わって、「援助者の援助」の観点から村田久行（2010）は、支援者同士の研修やスーパービジョンなどの場面における支持的スーパービジョン[10]

10「援助者の援助」支持的スーパービジョンの理論的前提として、次の三点をあげている（村田 2010：59）。
　・対人援助論「援助とは苦しみを和らげ、なくすること」・現象学的アプローチによる対人援助関係性の解明・対人援助職の専門職性［行為⇔意味づけ⇔言語化］

を提起する。そこにおいて、「ちょっと待つ」会話の大切さ、つまり、アドバイスする側は受ける側に自分の言葉や行為を主題として振り返ることを促す「援助的コミュニケーション：反復の会話」(村田 2010：55)の重要性を指摘する。例えば、介護や病院などにおける患者の拘束をめぐる看護師同士の次のような会話である。

> A：実際、もう足を柵から出していたんだし、ケガをしないようにしているのに、それが拘束になるの？
> V：実際、もう足を柵から出していたんだし、Aさんはその状況から利用者がケガをしないようにって考えて4点柵を提案しているのに、それがどうして「拘束」になるのかって疑問に思うのね。(と反復してちょっと待つ)

これに対して、援助的でない会話は、次のような会話である。これは、アドバイスを受ける側が自分の行為の意味を振り返ることができない会話である。

> A：実際、もう足を柵から出していたんだし、ケガをしないようにしているのに、それが拘束になるの？
> V：実際寝てみれば分かると思うけど、四方を壁に囲まれてるみたいだと思うよ。
> A：(しばらく無言で下を向いている)……やめろって言うならしないですけど。

前者の会話は、「ちょっと待つ」ことと自分の言葉や行為を主題として振り返ることを促し、「ワーカーの仕事上の悩みや苦しみを聴くことも、それを通して部下や新人の志気を支え、対人援助専門職としての成長を促すという支持的スーパービジョン」の観点を踏まえている。後者は、指導的で「業務上の管理と効率が優先され」る管理的機能重視の傾向があるとする (村田 2010：198)。管理的側面が強調される中では、「援助員の燃えつき症候群や離職の増大、現場での実践の継続性や系統的な教育・訓練の欠如を生み、それらがいっそうの燃えつきや離職の増大を促進し、専門性が蓄積されない…という悪循環を生み出していくのではないだろうか。」と危惧を述べている。

2.3　ドイツでの議論から—小括に代えて—

　ドイツでのケアに関する議論は、ケアに対応するドイツ語概念Sorge、そこから引き出されるSorgearbeit（ケアワークに相当）との関連で徐々に子ども・若者支援領域でも一定の注意が払われるようになってきているという段階である。ドイツ語のSorgeは、英語のケアcareと同様にもともと下記の意味を有する。

　①不安、心配

　②人の安全・安心のために努力すること

　特に二番目の意味については、ケアと同様に「伝統的に家政に近く、性特有に構造化された労働分担の枠組みであり、とりわけ女性によって担われてきた」（Bauer 2017: 211）。その歴史の中で、70年代のフェミニズムの議論や運動を踏まえ、労働的性格の強調と包括的な社会における義務として示す試みが展開されてきた[11]。しかしながら、専門職化し職業的に行われる「Sorge活動がどのように展開されうるのかという疑問は、総合社会活動においてこれまであまり明らかにされてこなかった（Kuhlmann 2009）」（Bauer 2017: 218）とされている。

　なお、Sorgeのドイツ語概念は、「扶助（Pflege）、教育（Erziehung）、世話（Betreuung）の全活動を特徴づける」もの（Bauer 2017: 211）であり、乳幼児期から高齢期に至る全人生に関わり、私的生活から公共的制度に至る「包括的な上位概念」（Brückner 2011: 106）である。他方、支援（Hilfe）はSorgeの一側面で、一定の方法で一時的な困窮状況や必要性に応じた対応である（Bauer 2017: 213）。

　このように見ていくと、1.7で述べた「支援（Hilfe）は社会におけるケアの一部であり、『公共性のある社会的行為』」であることを踏まえると、ケアは「その人の成長、自己実現を助ける」すべてのことであり、「私的な生活世界の形態」から「個人に向けた社会的業務の形態」をすべて含む。そのため、社会の人間

---

11 「1970年代、ウーマン・リブ運動後のフェミニズム理論は、女性の地位が低いのは、再生産労働すなわち出産、育児そして家事に縛られているからだと看破しました。そのなかには再生産労働からの解放を唱える主張もありましたが、他方で、未来のひとを育て他者のニーズに敏感で、その成長や状態に合わせて応対する態度や知恵に人間的な価値、社会的な重要性を見いだす理論が誕生しました。ケア活動を重視する理論はケア労働とケア関係を中心に社会を見つめ直そうと唱えます。ケアは安いのではなく、価格のつかないほど貴重なプライスレスな活動なのです。」（岡野 2020）

の関係性や連帯、民主主義的な対応の検討まで広がっている。それに対して支援は、ケアする対応・取り組みをソーシャルワーク的・教育的措置によって補完・援護・代替する取り組みであるといえる。なお、補完・援護・代替の説明は第2章第4節で行う。

　しかし、ケアの重要性は、こうした支援による対応の補完・援護・代替が、"自分らしく生きること"ならびに"今ここで"始めようとする主体性の回復となっているかどうかを検討する視点であり、ものさしともなる点である。こうしたことを、さらに考えさせてくれるのが、センスについての考察である（第9章参照）。

3. まとめ

3.1　支援をめぐって

　日本では、学校教育（保育を含む）においては1989年の学習指導要領改訂や2000年前後からの特別支援教育への転換を受けて、「指導」との関連で、子ども自身の主体的な判断や教育的ニーズを踏まえたアプローチの重視という観点から「援助」「支援」が取り入れられた。子ども・若者支援領域では、教育・育成・福祉的な個別の対応を統合し、個々人の成長と家族・環境を支える視点から、とりわけ自立「支援」、就労「支援」などに重点を置きながら「支援」が位置づけられてきた。そして力の不均衡、応答関係、協同的な実践などの観点から、支援がより機能し当初の目的を達成するためには、対話による応答関係を重視した共同性、一対一の関係性から多様性のある協同の関係性へと組み替えていく柔軟性が求められている。

　ドイツでの議論は、支援（Hilfe）は社会におけるケアの一部であり、「公共性のある社会的行為」である。それは、力の不均衡を踏まえつつ、よりシステム化された理論構築を通じて、支援が重層的に展開され、支援の分岐・多様化（Divergenz）が一つの方向性として目指されている。

3.2　ケアをめぐって

　ケアは、メイヤロフが述べるように、「一人の人格をケアするとは、最も深

い意味で、その人が成長すること、自己実現することをたすけること」である。それは、ケアの別の意味である心配や苦しみ、不安を和らげ、軽くし、なくすることであもあり、図1-2にもあるセラピー・療法やcure（治療）を通じて軽減していくのか、指導や相談・カウンセリングなど「関係性の力をもって」対応し持っている能力のエンパワメントにつなげていくのかの方向性がある。

　さらに、トロントなどが「ケアは、私たちが私たちの世界をできる限りよく生活できるように維持、継続、修復するために行うすべてのことを含んでいる活動の一種」と述べているように、支援の分岐・多様化をさらに敷衍して、社会における民主的関係性、連帯への志向性を有している。この点は、筒井が重視するケアリング環境ならびに山﨑が指摘する「ケアの仲間と場をはぐくむ」活動を創造する重要性とも関連する。

　トロントが指摘する連帯への志向性、ならびにケアする側がニーズに対して注意深く、責任感があり、有能で、応答的な関係を築ける者であるとともに、ケアの受け手とともにパートナーシップ関係を合わせて作れる者であることが期待されている。

　この点は、民主的な権利と市民性の保障・検討を踏まえたシティズンシップ教育とも深く関連する。また、1970年代からのフェミニズム運動とも深く関わっている。ケアに関わる仕事が女性を中心に担われてきた問題を踏まえつつ、そのケアの意味を社会全体のあり方にまで引き取って考えようとする社会変革を伴う理論ともなっている。欧州評議会でも民主的シティズンシップ教育（EDC: Education for Democratic Citizenship and Human Rights）が1997年から本格的に展開されている。そこでは、「アクティブで、情報が提供され、責任ある市民」が目指され、学習・教授方法の検討が進み、「みんなが民主主義を学び生きる」上での重要な教育的側面として位置づけられてきている（生田2008）。

　この点については、ドイツでの議論でもケアを意味するSorgeは私的生活から公共的制度に至る「包括的な上位概念」で、支援（Hilfe）はケアSorgeの一側面とされている点とも相関する。

3.3　支援をめぐる布置―基盤としてのケアと集団の役割―

　以上の整理から、ルーデヴィッヒの図1-2を参考に、支援をめぐる布置を図1-4の通り描くことができる。支援は、ケアの一側面であり、ケアの包括性に対して公共的・制度的な側面を有している。また、治療（キュア）は、医療な

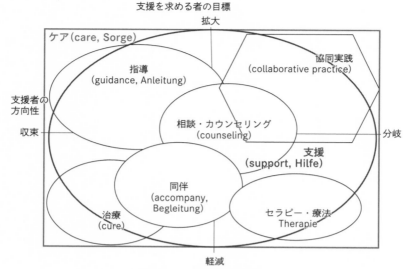

図1-4 支援をめぐる布置

どの側面で症状の軽減をめざし、支援者側の見立てと軽減の方法を使って収束の方向づけに位置する。それと対極に位置するのが、協同実践である。協同実践は、支援者、困難を抱えている者、ならびに家族なども当事者として多様に関わりをもつ方向性にあり、目標的にも自らの主体性と関わりの拡大にあるといえる。

　ケアの重要性は、個人とともに環境にもたらす影響が大きく、自己治癒力や集団としての力量向上に繋がっている。この点は、『保育小辞典』でも指摘されていた通り、ケアあるいはケアリングは「対象の要求に応えるという応答的・受動的な営み」であり、信頼の土台を築く営みであるという点が重要である。

　この点は、プロローグでも述べた津久井やまゆり園における職場環境が、図1-4の全体的なケア及び支援の枠組みの広がりが十分に展開されず、症状の軽減、収束に重きを置いていたため、支援を求める入所者のエンパワメントにつながることが少なく、支援者側の方向づけが中心となるため入所者のニーズの多様性や可能性の分岐に十分に応えることができなかったといえる。全体的に、ケアする環境に乏しいため、チームとしての相互の意見交換や実践の省察につながらず、意欲の低下や自分勝手な障害者理解・解釈に帰結したともいえる。

第 1 部

〝第三の領域〟概念と欠損の背景

2 「第三の領域」と「社会教育的支援」概念
——ドイツにおける議論を中心に

はじめに

　本章では、ドイツの「社会教育（Sozialpädagogik）」ならびに「社会教育的支援」概念を検討・整理し、日本の子ども・若者支援の状況を読み解くことを試みる。

　このため、日本社会教育学会年報（2017）『子ども・若者支援と社会教育』のドイツを中心とする論稿を踏まえ、「第三の領域」、「社会教育的支援」の歴史的経緯と内実、ならびに養成・研修の枠組みについて検討し、「自助に向けた援助（Hilfe zur Selbsthilfe）」としての「社会教育」の「同伴」「助言」「受容」などの教育的方法の意義について考察する。

　以上を通じて、単なる課題対応ではなく発達や人格形成を考慮した訓育（Erziehung）・陶冶（Bildung）・学習（Lernen）を踏まえた「社会教育的支援」の意義について明らかにすることを目的とする。

　ところで、訓育・陶冶・学習は、「社会教育」の関連概念である。これらについて、例えば次のように説明されている（Maus/ Nodes/ Röh 2010: 60）。

> ・訓育：社会的行動と関連……他者の心理的資質の構造を心理、社会文化的手段で改善しようとする
> ・陶冶：個性の発達……全世代に関わる生涯の過程
> ・学習：態度の変容、コンピテンシーの拡大、資格……情報の受容、変容、転換

　訓育は家庭や学校などにおいて指導的立場の者が価値の伝達などを含めて子ども・若者の成長・発達に関わる対応であり、陶冶は知的陶冶、人格陶冶など

と表現されるように人間の成長・発達の開花・促進を指し、その両者に学習が深く関わっている。また、これら三つに関連し、学校教育、成人教育、職業教育、特別支援教育などの分野を含む基礎的な理論と実践の学問として教育学（Pädagogik）が位置づく。

1.「第三の領域」としての子ども・若者支援（Jugendhilfe）

　ドイツの子ども・若者支援は、法的にはドイツ国青少年福祉法（1922年）を起源とし、戦後、青少年福祉法（1961年）を経て、1990年制定の子ども・若者支援法（Kinder- und Jugendhilfegesetz (KJHG)）、以下、子ども・若者支援法）により子ども・若者支援（Jugendhilfe）として位置づけられている。子ども・若者支援法第1条では、子ども・若者支援が27歳未満の子ども・若者の権利であると明記されている[1]。なお、日本の児童福祉法の対象は18歳未満となっており、18歳以降の支援のあり方や連続性が課題となる。

　子ども・若者支援の領域は、家庭・学校とは異なる独自の"第三の領域（dritte Institution）"（Schilling 2005: 183）としての役割を有している。三分類は、次のように整理される。

・第一次社会化エージェンシー：家庭、親族

---

1 子ども・若者支援法　第1条
　(1)すべての若者は、成長のための支援を受け、責任感と社会性のある人格に育てられる権利を有する。
　(2)子どもの養育および教育は親の自然権であり、なかんずく親に課された義務である。社会が権利の実現と義務の履行を監視する。
　(3)子ども・若者支援は、この権利の実現のため、特に
　　1．若者の個人的・社会的成長をうながし、不利な条件を除去ないし削減する。
　　2．親および他の親権者の教育相談にのり、教育を支援する。
　　3．児童・青年の福祉のために安全対策を講じる。
　　4．若者とその家族にとって好ましい生活条件、ならびに子どもと家族にやさしい環境の維持・創出に貢献する。
　第7条では、年齢区分が次の通りされている。
　・包括的な概念「青少年」Jugend (youth)
　・14歳未満の「児童」あるいは「子ども」Kind (child)
　・14歳以上18歳未満の「青年」Jugendliche(r) (adolescent)
　・18歳以上27歳未満の「若い成人」Volljährige(r) (young adult)
　・27歳未満の「若者」junger Mensch (young person)

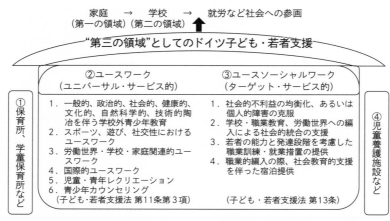

家庭　　→　　学校　　→　　就労など社会への参画
（第一の領域）（第二の領域）

"第三の領域"としてのドイツ子ども・若者支援

②ユースワーク
（ユニバーサル・サービス的）

③ユースソーシャルワーク
（ターゲット・サービス的）

①保育所、学童保育所など

1．一般的、政治的、社会的、健康的、
　文化的、自然科学的、技術的陶
　冶を伴う学校外青少年教育
2．スポーツ、遊び、社交性における
　ユースワーク
3．労働世界・学校・家庭関連的ユー
　スワーク
4．国際的ユースワーク
5．児童・青年レクリエーション
6．青少年カウンセリング
（子ども・若者支援法 第11条第3項）

1．社会的不利益の均衡化、あるいは
　個人的障害の克服
2．学校・職業教育、労働世界への編
　入による社会的統合の支援
3．若者の能力と発達段階を考慮した
　職業訓練・就業措置の提供
4．職業的編入の際、社会教育的支援
　を伴った宿泊提供

（子ども・若者支援法 第13条）

④児童養護施設など

図2-1　"第三の領域"としてのドイツ子ども・若者支援の枠組み（生田整理）

・第二次社会化エージェンシー：幼稚園、学校など
・第三次社会化エージェンシー：子ども・若者支援

　子ども・若者支援は、図2-1の通り四領域からなる（Bock, 2002, 305ff）：①幼年教育ならびに保育所、幼稚園などの児童昼間施設（Kindertagesstätte）、②ユースワーク（Jugendarbeit）、③ユースソーシャルワーク（Jugendsozialarbeit）、④施設入所を含め、困難を抱える家庭と子どもや青年に対する「訓育への援助（Hilfe zur Erziehung）」。資格要件を満たせば基本的に誰もがアクセスできるユニバーサル・サービス的な①②、困難や課題を抱える対象者へのターゲット・サービス的な③④に区分することができる。

　子ども・若者支援の構造と領域は、図0-2（「はじめに」に掲載）の通り、(a)組織、(b)専門職、(c)対象、(d)領域、(e)学問的視点の五領域からなる（Flösser/ Otto/ Rauschenbach/ Thole 1998:229-230; 生田・大串・吉岡2011：175-177）。本論で取り扱うのは、(d)領域、(e)学問的視点、そして支援者の養成・研修に関連する(b)専門職についてである。(d)領域は「第三の領域」に、(e)学問的視点は「社会教育」（Sozialpädagogik）に関わっている。すなわち、「社会教育」は、子ども・若者支援の理論と実践の枠組みである（生田・大串・吉岡2011）。

　なお既述の通り、ドイツと比較して日本の場合、子ども・若者支援において支援領域の枠組み（(a)組織と(d)領域、(b)専門職、(e)学問的視点、および権利性）が未整備という「四つの欠損」が存在する。

2.「第三の領域」と「社会教育」

　学問としての社会教育の基礎を形成したノール[2]やボイマーらが、Sozialpäd-agogikは「家庭・学校とならぶ、独自の第三の訓育・陶冶・学習の制度（eigen-ständige dritte Erziehungs-, Bildungs- und Lerninstitution）である」とのべている（Bäumer, in: Wollenweber 1983b, 58, 70f; in: Schilling/ Klus 2018, 137）。

　その歴史は、1900年頃から貧困やそれに起因する非行などの課題を抱える青少年に対応する「青少年救護（Jugendfürsorge）」に始まり、1910年頃から労働運動などの青年運動への対抗から「青少年育成（Jugendpflege）」の側面が加わる。1991年からは図2-1の通り法的規定もあり、ユースワーク、ユースソーシャルワークなどに区分される。

　「第三の領域」における学問的視点および実践的な視点でもある「社会教育」は、子ども・若者の成長・発達への支援に着目した概念である。

　つまり、ドイツの「社会教育」は、「教育的考察が子どもと青年の教育と教授にもっぱら向けられている時代に生まれた。『援助』の機能が後に付け加わったとしても、社会教育は若い人を対象とすることが合意されていた。」（ハンブルガー 2003＝2013, 163）と記載されている通り、子ども・若者支援との関連が強い分野である。

　そこには、「社会教育的支援」における支援の総体性と方法という特徴がある（生田 2017a）。

　支援の総体性については、「社会教育」が「全人（whole person）としての子ども・若者の総合的な発達への支援に焦点」を当てるとともに、問題の背景にある関係性やコミュニティにも焦点を当てる「創造的アプローチ」（チームワークと他者の寄与の重視）のスタンスをとっている点にある（Hatton 2013: 6-7）。

　「社会教育的支援」の方法は、「自助に向けた援助」であり、福祉的な「保護

2　ノール、ヘルマン（Nohl, Herman）：1879-1960年。ベルリンに生まれる。ゲッチンゲン大学教授。主な著作は、Jugendwohlfahrt（青少年福祉）1927年；Die pädagogische Bewe-gung in Deutschland und ihre Theorie（ドイツの教育運動とその理論）1935年である。青年運動や女性運動などの社会運動を積極的に受け止め、「社会教育学」（Sozialpädagogik）の基礎を形成した。家庭と学校と並ぶ、重要な教育場面としての子ども・若者支援の位置づけと専門職化のきっかけを作った。（参照：生田 2012）。

Schutz」、「養育 Pflege」とともに、「同伴 begleiten」「助言 beraten」「受容 akzeptieren」などの教育的支援により自己の生活・行動の振り返りと自己決定を促す「生活に同伴した再帰的活動」が行われている（Schilling 2005: 185; Hamburger 2003: 154; ハンブルガー 2013：164）。この点については、第5節で再度詳述する。

3. 「社会教育」概念の拡大

　「社会教育」は上記の流れの中で、子ども・若者支援の理論と実践の学問として1967年には専門大学（Fachhochschule）が登場することで大きな進展を遂げ、大学教育として「社会教育」の履修（Studium der Sozialpädagogik）が始まる。それとともに、社会教育士（Sozialpädagoge）などの専門職養成が本格化する（Schilling/ Klus 2018, 84f; Schilling 2005: 183）。

　しかし、この流れはより包括的な概念である総合社会活動（Soziale Arbeit）ならびに社会事業（Sozialwesen）が登場することで「社会教育」の内容に変容が見られる。具体的には、2001年に大学において総合社会活動のディプロム履修課程（Diplom-Studiengänge der Sozialen Arbeit）が共通枠組みとして位置づく。

　その中で、「社会教育」との対比で示されるのが、主に成人に関わる社会福祉援助活動（Sozialarbeit）である。そして、この両者を包摂する概念として総合社会活動ならびに社会事業があり、教育科学ならびに社会科学からのアプローチが行われている。「社会教育」は、子ども・若者支援の領域を中心としつつ、職業教育・学校教育への支援を含めた実践領域における、教育科学的なアプローチからの学問体系として位置づいている。

　これまでの議論を整理すると、ドイツの「社会教育」（この項での略称SP）は、次の歴史的段階を踏まえて展開している（Schilling/ Klus 2018: 90）。現段階は、3）を基礎としつつ、5）と6）にある。

1) SPは、公的（国家的・民間的）児童・青年救護（Kinder- und Jugendfürsorge）である。それは、次の目的を持つ。予防的・訓育的援助措置により、貧しい人々の児童・青年を放置の状況から守ることである。
2) SPは、児童・青年に対する、法的・行政的に組織された公的な援助措置の教育的転換である。

　3）SPは、子ども・若者支援の理論である。

　4）SPは、社会と国家における訓育的救護の内実である。それは家庭と学
　　校外に存在する。

　5）SPの課題分野は、時代とともに展開し、今日、あらゆる年齢段階の人々
　　に対する公的な援助提供として理解されている。それは、放置や逸脱行
　　動と関連するだけではなく、人間の正常性の展開・再生に関わっている。

　6）SPのもとには、今日、非常に様々な構造的・構想的施策や社会的事業
　　が位置づいている。

　5）、6）に関しては、ローター・ベーニッシュ（Lothar Böhnisch）の次の定義
が基本的に踏まえられている。

　「社会教育は一般的な意味で社会科学と教育科学の専門分野であるだけでな
く、同時に特別な実践の制度化の理論—特に子ども・若者支援と社会福祉援
助活動の理論でもある。教育科学の専門分野として社会教育学は、児童と青年
の社会化の過程で生じる社会構造的、制度的葛藤に取り組む。」（ハンブルガー
2003＝2013, 30）

　また、第1章1-6で示した図1-1の通り、主に成人に関わる社会福祉援助活
動（Sozialarbeit: ソーシャルワーク）は、格差是正による公正をめざし生活保障を
中心とした対応となるのに対して、社会教育（Sozialpädagogik）は生活の自立や
主体的な対応がめざされ、各個人の人格形成や自己形成に関わっている。

　以上から、ドイツの「社会教育」は、法的・行政的に組織された公的な援助
措置である子ども・若者支援の理論と実践の学問として出発しつつ、今日、社
会福祉援助活動を含めたあらゆる年齢段階の人々に対する公的な援助提供と関
連して自己形成と生活形成に資する学問の基礎として位置づいている。

　「社会教育」と社会福祉援助活動の上位に位置づくのが次に検討する総合社
会活動である。

4. 総合社会活動（Soziale Arbeit）の実践・課題分野
—補完・援護・代替—

　「総合社会活動は、この間、—実践と大学からのあらゆる疑念にもかかわら
ず—、以前分かれていた領域である社会福祉援助活動と社会教育の上位概念と

なった。」(Maus/ Nodes/ Röh 2010: 16)。つまり、

「社会教育」＋社会福祉援助活動⇒総合社会活動

という図式である。

　そして、カッセル大学教授トーレは、「社会教育」と社会福祉援助活動の当初の区分を次のように示している (Thole 2011c: 9)。

表2-1　当初の「社会教育」と社会福祉援助活動

	社会教育	社会福祉援助活動
活動領域	・保育施設 ・学校外児童・青年教育、学校補完的・関連的提供 ・家庭教育の提供と形態 ・教育・家庭相談	・教育的援助：施設教育から柔軟な教育的援助まで ・国家的課題 ・家庭保護、健康保護、一般的社会事業
対象	・児童・青年 (年齢関連)	・貧困者、要支援者 (問題関連)
活動形態	・訓育 (Erziehung)、陶冶 (Bildung)	・支援 (Hilfe)、援護 (Unterstützung)

　さらにトーレは、上記二つを統合した「総合社会活動の実践・課題」について表2-2の通り、より具体的に整理している (Thole 2011b: 28)。

　表2-2の横軸（活動分野）の通り、総合社会活動は青少年から高齢者、健康支援、貧困などへの社会的支援の広がりがある。

　縦軸（介入の強度）は、対象者の生活世界[3]の「補完」「援護」「代替」的な取り組みに区分されている。「補完」とは、対象者の生活機能を補う役割を果たす事業である。たとえば、基本的に自律的に活動できる対象者の生活を補完するために、家庭の保育機能を補完する保育所・学童保育所、学校外での学びや体験活動を補完する余暇・団体活動、生活資金を補完する給付、様々な疑問や悩みに対応する相談などである。次に「援護」は、要保護的な対象者の生活を支援する活動である。貧困、非行、失業など課題を抱え自律的に対応できない対象者に対して、専門職や施設が法に基づく措置的な支援を行う。「代替」的支

3　生活世界 (Lebenswelt) は、現象学の創始者のフッサールの用語。概念化・カテゴリー化、あるいは反省された世界というよりはむしろ、前反省的に直接的な仕方で経験している世界である（ヴァン・マーネン2011: 28）。生活世界は三つのレベルの概念からなる：記述的・現象学的概念（具体的な生活の場）、歴史的・社会的概念（社会制度が機能している舞台）、批判的・規範的概念（権力、矛盾、対抗、承認をめぐる場）(Grunwald / Thiersch, 2018: 908-909)。

表2-2　総合社会活動の実践・課題分野(Praxis- und Aufgabenfelder der Sozialen Arbeit)

活動分野／介入の強度	子ども・若者支援 Kinder- und Jugendhilfe	社会扶助 Soziale Hilfe	高齢者扶助 Altenhilfe	健康扶助 Gesundheitshilfe
生活世界―「補完的ergänzend」	・児童保育施設(Kita) ・子ども・ユースワーク ・特に、青少年余暇活動、青少年団体活動 ・一般的社会事業	・社会扶助受給者への援助 ・借金相談 ・一人暮らし困窮者、無宿者への支援 ・家族計画への支援 ・難民、東方帰還者、難民申請者の保護 ・再社会化支援 ・企業の社会事業、失業者センター	・救急保護業務 ・高齢者クラブ、高齢者サービスセンター	・社会精神医学的事業 ・企業的健康事業 ・相談窓口、健康センター ・自助グループ
生活世界―「補完的」および活動分野を超えたプロジェクト発想	コミュニティ活動・地区活動 社会空間的社会的活動 社会的ネットワークプロジェクト 社会ステーション 自治体近接の、心理社会的センター			
生活世界―「援護的unterstützend」	・ユースソーシャルワークを含む子ども・ユースワーク ・指導支援、例えば社会教育的家庭支援 ・一般的社会事業 ・特別社会事業 ・青少年裁判援助	・生活困窮・無宿者の収容施設 ・成人の後見、保護 ・保護観察支援、交流免除支援	・後期高齢者のためのデイサービスセンター ・オープンな高齢者支援・高齢者教育	・入院可能なリハビリ ・職業訓練事業、職業センター ・障害者作業所、心理的疾患者・麻薬依存者のための活動プロジェクト ・病院・リハビリセンターにおける社会事業
生活世界―「代替的ersetzend」	・指導援助、特に別の居住形態 ・少女センター ・青少年裁判援助	・女性センター・女性の家 ・刑執行におけるソーシャルワーク	・高齢者センター ・高齢者ハイム ・高齢者保護ハイム ・ホスピス	・社会療法的・リハビリ的施設 ・保養所
学問・専門性に関連した領域	・「社会教育」的養成・研修	・「社会教育」的研究・評価	・「社会教育」的スーパーヴィジョン、実践相談、組織・人事相談	・社会計画、社会報告処理

援は、「援護」的な支援だけでは不十分で、生活の場を施設などで代替することで新たな環境での生活の組み直しを図る対応である。

　生活世界の「補完」「援護」「代替」は、子ども・若者支援の分野では、図2-1の左側から保育関係やユースワークによる「補完」的な取り組み（①②）、ユースソーシャルワークによる「援護」的な措置（③）、児童養護施設などによる「代替」的支援（④）というように、介入の程度が強くなる。

　総合社会活動は、トーレによれば、実践的側面と研究的側面から次のように整理される（Thole 2011: 14-18）。

〇**実践の側面**
　　1）総合社会活動は、**近代の産物**である。
　　2）総合社会活動は、社会的不平等と異質性、社会的問題の公的な対応、ならびに大人になることへの陶冶志向的同伴の制度であり、人と結びついた形態である。
　　3）総合社会活動は、社会的**非統合と排除**の過程に対抗する試みである。それはつまり人間の社会的統合ないしは包摂に向かう。その際に優先的に**陶冶**の問題（学校の補完）、**訓育**、**支援**（Hilfe）、**世話**（Betreuung）そして**援護**（Unterstützung）の問題（家庭の補完）、そしてモラルの問題に対応する。そして間接的にではあるが、経済的な供給不足（これは一時的な社会政策の課題である）の問題に対応する。
〇**研究の側面：**
　　1）広い意味で、現代科学である。
　　2）総合社会活動は、開明的で、多観点的で、ハイブリッドな理論的概念化を求める。
　　3）総合社会活動は、概念化のために、教育科学、社会学、心理学、病理学、法・行政学などの観点を必要とする。
　　4）学問的枠組みの形を作り切れていない。教育科学や行動分野関連科学、学校・成人教育学、医学・政治行動分野などと分かち合っている。

以上から、学問としてのあり方が大きな課題となっている。

5.「社会教育的支援」の内実と支援者の養成・研修

5.1　「社会教育的支援」について

　これまでの整理から、「社会教育」は近年、総合社会活動の理論となってきている。とりわけ「社会教育的支援」に関わって、ドイツ子ども・若者支援法（KJHG）の規定で「社会教育」の文言が明示的に示されているのは、13条「ユースソーシャルワーク」、31条「社会教育的家庭援助」(Sozialpädagogische Familienhilfe)、35条「集中的社会教育的個別の世話」(Intensive Sozialpädagogische Einzelbetreuung) である。

　13条「ユースソーシャルワーク」は、若者の「社会的不利益の均衡化」、「個人的困難の克服」に向けた「社会教育的支援」の提供である。その支援は、「学校・職業教育、労働世界への組み入れ、社会的統合の助成」を目指している。

　31条「社会教育的家庭援助」は、「日常問題の克服」、「対立と危機の解決」、「当局や制度との接触」に向けて、「集中的な世話と同伴により、教育課題に直面している家族を支援」し、「自助のための援助を与える」ことにある。通常、家族の協力のもとで、比較的長期にわたる取り組みである。

　35条「集中的社会教育的個別の世話」は、「社会的統合」と「自己責任ある生活を送ることへの集中的な支援を必要とする青年」を対象とした援助である。通常、青年の個人的必要を踏まえつつ、比較的長期にわたる措置である。

　「社会教育的支援」は、第2節と第3節でも示した通り、基本的には「自助に向けた援助」として子ども・若者支援の各分野で展開されているが、より明示的にはユースソーシャルワークや家庭支援の領域において展開されている。その手法は、対話を踏まえた寄り添いや同伴、場づくりなどを通じて、当事者が問題解決の主体と成りゆく過程、およびそれを通した人格的な発達を支援する営みであるといえる。

5.2　養成・研修の枠組み

　「社会教育的支援」を展開する支援者の養成・研修を見ることで、その資質・能力をどう考えているのかを窺い知ることができる。ここでは、学術団体であるドイツ教育学会（Deutsche Gesellschaft für Erziehungswissenschaft（DGfE））の

「社会教育」カリキュラム案（学士課程 BA.）、ならびに専門職集団の団体である
ドイツ総合社会活動職業連盟（Deutscher Berufsverband für Soziale Arbeit e.V.
(DBSH)）のコンピテンシーの枠組み、また具体的にヒルデスハイム専門大学
(Fachhochschule Hildesheim）の学士課程「総合社会活動」(BA Soziale Arbeit）の
カリキュラム構成を示し検討する。

〈ドイツ教育学会（DGfE）による基本カリキュラム：「社会教育」の教育課程（学士）〉
(Deutsche Gesellschaft für Erziehungswissenschaft (DGfE) 2010)
○学士課程（BA.）（3年間）

履修ユニット	内容
1	教育科学の基礎……基礎概念、歴史と理論、理論的発想、質的・量的研究方法
2	国際的側面を含めて、学校と学校以外の施設における陶冶、職業訓練、教育（訓育）の社会的・政治的・法的条件……理論・機能・歴史的側面、教育政策・教育法など、差異と平等および言語的・文化的・社会的異質性
3	教育科学的学修方向への導入……教育科学の構造、職業領域における活動領域・活動形態・姿勢と態度
4	「社会教育」の理論的・歴史的基礎……「社会教育」の理論概念・基礎概念・研究アプローチ、「社会教育」的領域と社会的業務、「社会教育」的視点での社会化・陶冶・学習
5	「社会教育」の活動領域と行動コンピテンシーの基礎……「社会教育」的活動領域（子ども・若者支援、高齢者との総合社会活動、成人との総合社会活動および社会的業務、児童・青年との総合社会活動、健康保健制度のもとでの総合社会活動）、コンピテンシー（特に、調停；診断；計画化と組織；社会的・人的マネージメント；相談と情報）

　以上の構造モデル：教育科学52単位、職業志向（実習など）40単位、「社会
教育」36単位、副専攻42単位、卒論10単位、計180単位[4]

〈ドイツ総合社会活動職業連盟（DBSH）〉
○社会福祉援助活動・社会教育のコンピテンシー (Maus/ Nodes/ Röh 2010: 12、60)

コンピテンシー	内容
戦略的	専門性行使の基礎的な前提……社会問題の理論（社会学など）ほか
方法	計画通り省察的に行動でき、手続き・方法について把握している……個別支援、グループワーク、地域活動

4　欧州単位互換制度（ECTS= European Credit Transfer System）により、1単位＝30時間である。

「社会教育」的	・子ども／若者の教育学的知識／行動の基礎、・子ども・若者支援の理論、・子ども・若者支援と青少年救護の教育学的実践、・親との活動の方法、・メディアとの付き合い
社会法的	社会的扶助に関する知識など
社会行政的	公的行政部署との関係性の理解（事業委託、経費面）
人としての・コミュニケーション的	人間理解、相互作用の構築、チーム形成など
職業倫理的	人間的、人権的、哲学的、宗教的基礎の理解、DBSHのコード
社会専門職的相談	主体に適応した、人生に関連した、状況を踏まえた、コミュニケーションのある、合意したサポート行為→　個人、グループ、施設の洞察・決定・行動能力の改善
実践研究・評価	社会科学の方法論の把握など（質的・量的方法など）

〈ヒルデスハイム専門大学：学士課程「総合社会活動」〉計180単位（括弧内は単位数）

履修領域1：Soziale Arbeitの一般的基礎（42）
　専門職としてのアイデンティティ形成（18）、総合社会活動における心理学（9）、訓育・陶冶・社会化（6）、組織・マネージメント・倫理（6）、専門性と職業への参入（3）

履修領域2：研究的活動（24）
　メンタリング：履修における学習・活動戦略（3）、経験的社会・児童期研究（6）、卒論研究（15）

履修領域3：総合社会活動の枠組み条件（30）
　国家と社会における権利（6）、子ども・若者支援および生存権（6）、社会・経済・社会政策I（基礎）（6）、社会・経済・社会政策II（深化）（6）、総合社会活動の選択的活動分野における権利（6）

履修領域4：応用社会福祉活動の科学（42）
　総合社会活動におけるコミュニケーションと文化（6）、総合社会活動の行動概念と方法（基礎）（3）、公共団体や社会空間における総合社会活動と事例に即した総合社会活動（6）、総合社会活動の行動概念と方法（深化）（6）、社会福祉活動の科学：理論と歴史（9）、会話の展開と対話I（6）、会話の展開と対話II（6）

履修領域5：活動領域とプロジェクト（36）
　プロジェクトIとII（12）、行動分野・人権・多様性（基礎）（12）、行動分野・人権・多様性（深化）（12）

履修領域6：個人研究（6）
　個人のプロファイル研究（6）

　以上の枠組みは、「社会教育」の履修ならびに総合社会活動の履修においても、訓育、陶冶、学習の側面から、相談、同伴、また対話などの受容的な手法により、子ども・若者期をベースとして人格形成と自立を支援する専門性とコンピテンシーの形成を目指していることを示している。また、第2節でも指摘

した「支援の総体性」のため、全体的な社会的課題への洞察と人権的観点を踏まえた上での展開が当然ながら意識化されている。

　今回は、紙面の関係上詳細な検討はできないため、子ども・若者支援に関わる担当者の専門性あるいは専門職養成[5]の枠組みについては、生田・大串・吉岡（2011：111-130）「社会教育学の発展と今日の社会教育職の養成」を参照願いたい。

6.　まとめ

　ドイツにおける「第三の領域」としての子ども・若者支援の理論と実践の学問である「社会教育」の歴史的変遷を踏まえながら、また養成・研修の枠組みを参照する中で「社会教育的支援」の概念と内容を検討した。ドイツ子ども・若者支援の場合、法的・制度的な位置づけが明確であり、それに基づく「第三の領域」の図を示すことができ、その学問体系が「社会教育」という形で構築されてきている。近年は、子ども・若者からより広く総合社会活動の学としての広がりが顕著であり、それに伴う整理が追究されているところである。

　ところで、日本の子ども・若者支援における「第三の領域」と「社会教育」の位置づけについて、ドイツの状況と対比すると、従来から指摘されている自立の経済的側面への傾斜、すなわち就労支援への傾斜[6]があり、その背景には

5　ドイツにおける専門職養成の流れの概要は次の通りである（Züchner 2017: 62f; Schilling/ Klus 2018: 204f）。
　1.　1920年代以降：専門学校（Fachschulen）…福祉事業における養成（Ausbildung in der Wohlfahrtspflege）
　2.　1960年代：専門大学（Fachhochschule）の設置
　3.　2001年：総合社会活動のディプロム履修課程（Diplom-Studiengänge der Sozialen Arbeit）
　4.　2004年以降：保育士の大学での養成（Akademisierung der Erzieher_innenausbildung）
　5.　ボローニャ・プロセス（Bologna-Prozess1999→2010年）：学士（BA.）3年、修士（MA.）2年の修業年限
　6.　国家認証：保育士（Erzieher_in）、ソーシャルワーカー・社会教育士（Sozialarbeiter_ in/ Sozialpädagog_in）、児童教育学士（Kindheitspädagog_in）に区分。
6　平塚真樹（2012：64-65）は、欧州と比較して、「日本の若者政策は、……学校外についてみると、総じてターゲット志向が強い」、また「一貫して、子ども・若者のニーズを個々人レベルでとらえ、相談・ガイダンス型で個別的に対応する支援手法を基本としてきたことが特徴」だと整理している。

「人材」育成の視点の重視がある。こうした状況の中で、人格形成、生活の自律的展開、社会やコミュニティへの参画などの教育的価値をどう位置づけるのかが大きな課題となる。

　日本の子ども・若者支援に存在する「四つの欠損」（支援領域の枠組み、専門職、学問領域、子ども・若者支援の法的基礎が未整備）がある中で、ドイツの「社会教育」の先行事例に学びつつ、次の点で「第三の領域」ならびに「社会教育的支援」の観点を踏まえることが重要となる。

　A．子ども・若者支援の総体的・構造的把握の視点
　　　家庭・学校から社会への移行支援の「第三の領域」として、社会福祉、臨床心理学、キャリア教育、職業訓練などの領域と関連づけた構造的把握
　B．子ども・若者理解の視点
　　　個人の自主性、自発性に基づく自由で、自立を志向する学びや活動を重視する自発性理論を基本的価値とする自己・相互学習の視点
　C．支援の方法論としての関係性の視点
　　　「個人の個別的ニーズ」に応えつつ、子ども・若者問題を個人の問題に矮小化せず集団的・地域的志向性を持った視点
　D．専門性理解の視点
　　　学習支援、生活支援、就労支援など特定の分野に偏ることなく、支援をする上での「共通基礎」として備えるべき知識・技術・価値・センスの各要素の「専門的能力」の明確化と関連づけの視点
　E．支援についての批判的視点
　　　支援には、「統制」的・教化的傾向性（思想善導など）、社会情勢への「適応」的・統合的傾向性（就労重視、適性重視など）の矛盾・葛藤があるという理解・把握を踏まえた批判的・省察的視点

　本論文でのドイツ「社会教育」の分析を踏まえつつ、以上の点をさらに検討することが求められる。その検討を通じて本研究の最終目的である、"第三の領域"における「社会教育的支援」を展開する「子ども・若者支援」プログラムの開発につなげたい。

【用語解説】社会的（sozial, social）

①由来

　本書では、ドイツ語のSozialpädagogik（社会教育学）、Soziale Arbeit（総合社会活動）、Sozialarbeit（ソーシャルワーク）、Sozialpädagoge（社会教育士）、Sozialwohlfahrt（社会福祉）など"sozial"を形容詞にもつ用語が多く登場する。

　しかし、ドイツでは社会的という単語として、ゲゼルシャフト（利益社会）とゲマインシャフト（共同社会）に由来するgesellschaftlich, gemeinschaftlichが以前から存在する。どうして"sozial"が必要となったのか。

　日本語で「社会的」と訳されることの多い"sozial"の由来は、フランス語"social"である。フランスでは、1800年頃に、フランス革命（1989）後の政治的・文化的・経済的な変動の中での矛盾と疎外に対応する用語として用いられるようになる。ドイツでは、1840年代の産業革命の進展と統一的な国民国家への運動・革命が試みられる中で、従来のゲゼルシャフト（利益社会）とゲマインシャフト（共同社会）からの排除や逸脱、新たな社会階層（労働者階級）の登場などの問題が生じ、それへの対応が求められる中で、"sozial"が一般化していく（生田・大串・吉岡 2011：140f）。教育学関係では、Karl Magerが1844年に"Social-Pädagogik"を用いた[7]。

　このように、社会と経済の近代化、国民国家化の動向と"sozial"の使用は深い関わりがある。

②定義と現状

　"sozial"の意味は、四通りあるといわれている（Schilling/ Klus 2018: 98-100）。

　a. 社会における（gesellschaftlich）＝社会的存在としての人間理解に基づく……反意語：個人主義的

　b. 人と人との関係性における（zwischenmenschlich）＝社会的行為など……反意語：個人的

　c. 社会の一体性や受容と関連した（gesellschaftkonform/akzeptiert）＝社会の構成員としての積極的な行動様式……反意語：非社会的（態度）

　d. 共同利益・慈善に関連した（gemeinnützig/wohltätig）＝社会的公正の追求など……反意語：利己主義的、反社会的

　これら四つの意味は、大きく二つに分類される：無価値性・社会における態度（a, b）、規範性・望ましい態度（c, d）。

　全体として、とりわけ子ども・若者支援に関連して"sozial"が用いられる際は、当事者をめぐる問題状況（家族・社会問題など）に対応し、人と社会を積極的な方向に変え、助成しようとする方向性と関係している。

7　1900年頃までは、ドイツでも一般的に"social"が使用され、その後、ドイツ語の一般的な慣用で"c"が"z"に変化し"sozial"となる（Schilling/ Klus 2018: 98）。

3 子ども・若者期を支援する 包括的な「第三の領域」の欠損の背景

　子ども・若者支援における“第三の領域”の問題提起は、シンポジウム「子ども・若者支援専門職を構想する」(2016年2月13、14日：奈良市はぐくみセンター、奈良教育大学) の基調報告において、日本におけるユースワークならびにユースソーシャルワークを定義する際の視点の一つとして提示した。そこでは、ドイツを例に、家庭・学校とならぶ“第三の領域”としての「ドイツ子ども・若者支援 (Jugendhilfe)」が、「家庭支援、学校への移行支援、学校から職業生活への移行支援などの重要な役割を果たしている」点を参考にしつつ、“第三の領域”のあり方について次の点を指摘した (生田2016a：262)[1]。

　　すべての若者の活動や参画の機会の拡充を図るユニバーサル型のユースワーク①を基本的なものとし、その上でターゲット型のユースソーシャルワーク②が展開されるべきである。
　①　ユースワークは、家庭・学校・職業生活以外の場面において、子ども・若者 (以下、若者) の思い・関心・願いに寄り添いつつ、若者の主体的・自主的な行動を促し、そして共に関わり企画し決定すること (共同決定・共同形成) を促す機会の提供や場づくりなどを行う。それにより、若者が自己決定し、場や集団・社会における役割と責任を担い、参画するよ

---

1 “第三の領域”には、「学校への支援活動」「地域における学習活動」「キャリア教育・職業教育支援」「不登校、ニート、ひきこもりに対する支援」など下記の通り大きく15領域に分けられる点も合わせて報告された。
　①学校への支援活動　　　②地域における学習活動　　　③キャリア教育・職業教育支援
　④科学技術・ICT教育　　⑤生涯学習関連施設との連携　⑥青少年の学校外活動支援
　⑦不登校、ニート、ひきこもりに対する支援　　　　　　⑧子ども・大人の居場所づくり
　⑨家庭教育支援、男女協働参画活動　　　　　　　　　　⑩障害者教育
　⑪環境教育　　　　　　　⑫国際協力、外国人支援　　　⑬文化・スポーツ振興
　⑭中間支援　　　　　　　⑮地域支援、人材の育成

う発達を支援することを目的とする。ユースワークの領域に含まれる主なものは以下の通りである。

○演劇・陶芸・園芸などの芸術的・文化創造的活動

○スポーツ、レクリエーション活動

○野外活動・環境学習活動

○国際交流・多文化共生・人権学習活動

○職業との関連を志向するキャリア教育的活動

○地域連携・ボランティア活動

○居場所づくり・相談活動

② ユースソーシャルワークは、社会的不利益、あるいは個人的困難のため課題に直面し、家庭、学校、職場に居場所がない若者に対して、若者自身の自己のアイデンティティの拠り所となる場や人との関わりの機会の提供や社会的な関係性の構築など、自立に向けた支援を行う。その支援により、社会的・職業的移行を促し、社会的統合・包摂（社会の一構成員としての関与とともに、相互理解・交流の促進による共同意識の形成）を図る。

　“第三の領域”の必要性の検討は、若者政策が未確立な中で展開されている18歳選挙権の導入や民法上の成人年齢引き下げの議論とも関連している。「18歳選挙権の導入は『子どもの権利の拡大』『社会のなかで主権者の一人』として政治に参加し、自分で考え、批判的視点を育てる面がある」（全国民主主義教育研究会編 2015: 6）という肯定的評価に対して、斎藤環（朝日新聞 2016）は「引き下げていい理由は何一つない、むしろ上げるべきだ」と主張する。その主張の根拠には、「段階的に自立を促す器なりが用意されて」いない日本の若者政策の貧弱さ、個人の尊重の不十分さがある。その上で、次のように述べている。

　　「欧米には担当省庁を設けて若い人を弱者としてしっかり支える体制があり、18歳を大人扱いすることと共存しています。欧米並みというならまず、公的扶助の総額と普及率でしょう。再分配の仕組みに手をつけず、ただ自立せよ、活躍せよと発破をかけるのは極めてヤンキー的な気合主義でしかない。引き下げにかける莫大なコストを彼らの支援に回すべきです。」

　この指摘は、青少年福祉における原則18歳までの措置の限界とも関連して、行政の縦割り、統一性の不足などが課題としてある。

本論では、上記を踏まえ、第一に子ども・若者政策の三つの源流、第二に若者政策の不在、第三に福祉領域での普遍主義への志向性と障壁、第四に"第三の領域"としての子ども・若者支援の必要性の検討を行う。

1. 子ども・若者政策の三つの源流

"第三の領域"の欠損の背景には、特に若者政策が不在であった点についてまず検討してみたい。

平塚真樹（2012：64-66）はイギリスなどの研究を踏まえ、下表の通り「若者政策の座標軸」を示している。ユニバーサル・サービス（Universal Service）は、すべての若者が利用可能な活動・体験の機会の提供であり、学校外の施設・団体活動による社会参画の促進などによる市民性（シティズンシップ）の形成をねらいとしている。他方、ターゲット・サービス（Target Service）は、困難を抱える若者への支援に重点を置き、社会への移行を支える役割を果たし、就労支援を含め個別サービス（Personalized Service）の提供を中心とする傾向がある。

若者政策の座標軸	Universal Service	Target Service
1．誰を支援するのか？	政策の万人向け適応 福祉国家志向	特別な必要をもつ人に焦点化 新自由主義志向
2．なにを支援するのか？	包括的な社会参加 積極的シティズンシップと参加 フィンランド「若者法」	教育・訓練志向 教育・訓練・雇用による社会的包摂 EU「若者協定」、NEET率の低下
3．どのように支援するのか？	実践共同体への参加 「共同体での学び」「共同的な学び」 若者ワークショップ（フィンランド）	個別サービス志向 情報提供・助言・ガイダンス パーソナル・アドバイザー設置

日本の若者政策を考えてみると、平塚によれば「1．誰を支援するのか？」では、「学校外についてみると、総じてターゲット志向が強い」傾向がある。つまり、ニート、フリーターなど社会参加に困難をもつ子ども・若者に焦点化された取り組み（若者サポート・ステーション、ジョブ・カフェ、「子ども・若者支援地域協議会」体制整備など）が重点を占めている。

「2．なにを支援するのか？」については、若者支援の公的資金スキームは就

業支援などの目的を想定した事業が圧倒的である。

　「3.　どのように支援するのか？」については、「一貫して、子ども・若者のニーズを個々人レベルでとらえ、相談・ガイダンス型で個別的に対応する支援手法を基本としてきたことが特徴」であり、「現時点では不安定な委託事業にとどまるため、安定的で継続的な『場』づくりに取り組む基盤・条件を欠いた状況にある」と指摘している。

　以上の通り、子ども・若者支援の組織的な整備が進んでいるとはいえない。

　そもそも日本では、学校教育外の子ども・若者支援において、次の三つの施策の流れがある。

　　・子ども会・青年団などの団体育成、少年自然の家などによる学校外教育施設の拡充などの青少年教育（文部科学省）、

　　・非行対策・健全育成の流れをくむ青少年対策（内閣府）、

　　・勤労青少年ホームなどの流れをくむ勤労青少年・福祉的対策（厚生労働省）。

　これらは近年、2003年に政府に内閣府、文科省、厚労省、経産省合同の「若者自立・挑戦戦略会議」[2]の設置、その後さらに「子ども・若者育成支援推進法」（2010年4月1日施行）、同年「子ども・若者ビジョン」（2010年7月23日策定）、「子どもの貧困対策の推進に関する法（子どもの貧困対策法）」（2013年6月19日成立）、「子供の貧困対策に関する大綱について」（2014年8月29日閣議決定）などにみられるように、内閣府などを中心にした「子ども・若者支援」に収斂する傾向がみられる。

　さらにこの間、子ども・若者育成支援推進本部「子供・若者育成支援推進大綱～全ての子供・若者が健やかに成長し、自立・活躍できる社会を目指して～」（2016年）、文部科学省「次世代の学校・地域」創生プラン」（2016年）、厚生労働省・文部科学省「放課後子ども総合プラン」（2014年）など包括的な取り組みが進んできている。

　厚労省・文科省「放課後子ども総合プラン」では学童保育の整備、放課後子ども教室の整備がなされる。また学校教育において「学校をプラットフォームとした総合的な子供の貧困対策の推進」[3]（文部科学省）も謳われている。文部科

2　これに伴い、キャリア教育の推進、中2での職場体験の推奨などが展開する。
3　内閣府編（2015）『子供・若者白書〈平成27年度版〉』168頁：「全ての子供が集う場である学校を、子供の貧困対策のプラットフォームとして位置付け、子供の貧困問題を早期に発見し、教育と福祉・就労との組織的な連携、学校における確実な学力保障・進路支援、地域による学習支援を行うことにより、貧困の連鎖を断ち切ることが重要である。

学省「『次世代の学校・地域』創生プラン」（2016年）では、「チーム学校」とも関連して、「学校を核とした地域の創生」が謳われ、「地域全体で学び合い未来を担う子供たちの成長を支え合う地域をつくる活動（地域学校協働活動）を全国的に推進し、高齢者、若者等も社会的に包摂され、活躍できる場をつくる」ことが目指されている。ここでは社会教育は地域と学校とのコーディネーター的、そして学校の「補完」的役割を担うことが期待され、「学校」が再度大きくクローズアップされることとなる。

　他方で、「子ども・若者育成支援推進法」（2010年施行）により「置くよう努める」（法第19条）とされている、地域自治体の総合調整機関である「子ども・若者支援地域協議会」の設置状況は特に身近な市町村ではかばかしくない：都道府県（設置数42／全体47：以下同）、政令指定都市（14／20）、その他市町村（70／1704＋23東京都特別区）、計126地域（2020年3月31日現在）。背景には、既述の通り三つの施策の流れがある行政内部においてどこが主担当となるのかの調整が進まない実情、構成員が類似する他の協議会の存在（要保護児童対策地域協議会など）等の事情がある（参照：竹中2016；宮池2019）。

　このような三つの施策の流れとそれが近年融合しつつある背景、ならびにしかし子ども・若者支援の全体像の構築に至らない背景には、日本の労働、福祉、教育に関わる問題点が潜んでいる。それについて、学校から職業への移行、ならびに福祉領域に関わる問題について検討する。

2. 若者政策の不在—学校から職業への移行について—

　金子元久（2006）、本田由紀（2009）、濱口桂一郎（2013）は、日本と欧米の教育と職業の関係について次のように指摘している。

金子：Jモード……「各大学の入学者選抜が学生の基礎学力水準の指標を提供し、企業はそれを基準として大卒者を採用したのちに、企業内で必要

　文部科学省では、福祉の専門家であるスクールソーシャルワーカーの配置を推進しており、平成27（2015）年度においては、1,466人から2,447人に増加することとしている。また、学校支援地域本部を活用し、家庭での学習習慣が十分に身についていない中学生などを対象に、大学生や元教員などの地域住民の協力による原則無料の学習支援（地域未来塾）を平成27年度から新たに2,000中学校区で実施することとしている。」

　　な限りの職業知識を実践的に習得させるという、日本独特の大学と仕
　　事との関係」（本田2009：118f）を指し、就職後のOJTに重きを置く。こ
　　の関係性は日本企業の終身雇用制を前提とした養成システムである。
　職業知モード……小中高で学ぶ基礎的学力とそれを踏まえた教科学力、
　　大学教育ではその基礎の上に将来の職業に関連する理論的知識とさら
　　に具体的な職業知識を獲得する。卒後、若者は現場で実践的な知識・
　　技能（職場技能）を習得する（金子2006：133）。こうした学校と職業と
　　のリンクが欧米では主流であった。しかし、知識の高度化の中でゆら
　　いでいる。
本田：戦後日本型循環モデル（赤ちゃん受け渡しモデル）……「教育・仕事・家
　　族という三つの社会領域が、それぞれのアウトプットを次の領域へと
　　注ぎ込む太い矢印によって緊密につながれるという形の『循環型モデ
　　ル』」。「新規学卒者一括採用」という固有の慣行により、「職業人とし
　　てはきわめて未熟な状態の新規学卒者が、教育機関と企業との間で受
　　け渡され、彼らの育成については企業が責任をもつというしくみ」（本
　　田2009：186f）。
　棒高跳びモデル……「教育機関が職業能力を若者に手渡し、若者がそれ
　　を支えとして自ら労働市場に飛び込んでゆく」欧米での中心的なモデ
　　ル（本田2009：187）。
濱口：メンバーシップ型雇用システム（『入社』）……「入社」という言葉に代
　　表されるように、「『職（ジョブ）』に『就』くことではなく、『会社』
　　の『一員（メンバー）』になること」（濱口2013：22）。「いったん『入社』
　　して『正社員』になれば、職務や時間・空間の限定なく働かなければ
　　ならない義務を負う代わりに、定年までの職業人生を年功賃金によっ
　　て支える生活保障が与えられ」た（濱口2013：22f）。
　ジョブ型雇用システム……企業活動等を維持するために必要な「職務
　　（ジョブ）」について、その「職務」に就く者が不足した時に必要な
　　人材を採用する方式であり、大学等で学んだ専門分野やその分野の習
　　得度としての成績、当該分野での就業経験が考慮される。

　　三者が指摘する教育と職業との関係性における日本（Jモード、赤ちゃん受け
渡しモデル、メンバーシップ型雇用システム）と欧米（職業知モード、棒高跳びモデル
、ジョブ型雇用システム）の特徴づけは共通するものがある。この点につい

て金子（2006：137）が端的に述べている。

　　日本的なJモードの「職業能力形成のあり方は一方では生涯雇用制度に
　支えられるとともに、日本の企業に特有の職場全体としての効率性の向上
　に大きな役割を果たしてきた。一定の職場知識が従業員に広く共有され、
　また多様な職場を経験するために、より広い範囲で使われている知識の
　マッピングが作られる。こうした形での技能形成は必ずしも理論的に整理
　されたものではないが、それだからこそその習得には基礎的な学力が大き
　な意味をもつ。」

　しかし、1990年代のバブル崩壊と国際化の波の中で日本経済が減量化を強
いられ、「戦後日本型循環モデル」である終身雇用と企業内訓練の場と機会が
減少し、非正規雇用が増加するなか、フリーター、ニート、ひきこもりなどの
問題状況が現出する[4]。若者世代が「失われた世代」（1970年～1982年頃に生まれ、
1990年代始めから2000年頃にかけて就職期を迎えた世代）と称され、労働市場の
変化が顕著である[5]。この点は、本田（2014：72f）に示されている「戦後日本型
循環モデルの破綻」、ならびに次節で取り上げるセーフティネットの不十分さ
と関連する。

3.　福祉領域での普遍主義への志向性と障壁

　こうした学校から仕事への移行をめぐる日本的なシステムは、労働をめぐる

4　内閣府「若者の意識に関する調査報告書」（2010年）によれば満15歳から満39歳のひき
　こもりの推計70万人、内閣府「若者の生活に関する調査報告書」（2016年）では満15歳か
　ら満39歳のひきこもりの推計54万人、内閣府「生活状況に関する調査報告書」（2019年）
　では満40歳から64歳までの中高年ひきこもりの推計61万人である。
5　OECD刊行のJobs for Youth: Japan 2009（『日本の若者と雇用―OECD若年者雇用レビュー』）
　は、日本の教育システムの弱点を次の通り指摘する。
　・普通教育の偏重による、労働市場からの能力需要と教育システムとの関連性の薄さ
　・在学中の就労経験が限定的
　・公的な職業訓練システムの未発達
　・二元的な徒弟制度や職業教育システムの弱さ
　・教育機関からの中退率の漸増と、中退者に対する体系的な支援の弱さ、などである。

問題状況への安全弁としての福祉施策のあり方とも深く関連している。

　エスピン-アンデルセン（2001: xiii-xiv）は、福祉レジーム（自由主義、保守主義、社会民主主義）の分類[6]において、日本を企業福祉と家族福祉が危機的状況に向かいつつある中で自由主義と保守主義モデルを均等に併せ持つ傾向を有しているが、最終的な判定は猶予が必要と位置づけている。日本は後発福祉国家として、「男性稼ぎ主の安定雇用を守ることを軸とした生活保障の定着」（宮本太郎 2017：148）のもと、選別主義的、救貧的社会保障観が支配的であり、そのため「自助」と「自己責任」が強調される。

　1990年代以降、福祉のあり方をめぐっては、「支える側」「支えられる側」の二分法の克服、選別主義から「すべての人々をサービスの対象としようとする」普遍主義への転換が志向されてきたとされる（宮本太郎 2017：147）。改革理念として「参加保障」、「安心に基づく活力」、「普遍主義」（2010年「社会保障改革に関する有識者検討会」報告書）が提起され、社会福祉基礎構造改革が展開される（埒 2014：149-155）。そのめざすひとつの方向性として、宮本太郎は、表3-1の通り「共生保障」をあげている。

表3-1　旧来の政治対抗と共生保障の政治（宮本太郎 2017：211）

	支え合いのかたち	自助・互助・共助・公助
経済的自由主義	「支える側」の活躍条件拡大とトリクルダウン	自助に重点
保守主義	家族や地域共同体における「支える側」「支えられる側」の紐帯強化	互助・共助に重点
リベラル	「支えられる側」の権利擁護	公助に重点
共生保障の政治	「支え合い」を支える	自助・互助・共助・公助の連携

　しかし、赤字国債を抱えた財政的制約、自治体制度の機能不全（例：雇用と福祉の分断）の壁を突き崩せていない。そのため、財政的コストをかけて、中

6　福祉レジームは、下記の通りである（エスピン-アンデルセン 2001: v-vi）。
　○社会民主主義：「きわめて協力で包括的な社会権を保障し、普遍主義的な原則に立脚」
　○保守主義：「社会権は雇用と拠出に基づいており、（中略）保険原理を基礎にして作られており、平等よりも公平（契約上の公正）を強調」……家族主義、コーポラティズム型福祉国家
　○自由主義：「市場こそがほとんどの市民にとって（中略）望ましい適切な福祉の源であると主張」……個人主義的

間層をも対象として、幅広い人々の自立支援をおこなう普遍主義改革の三重の
ジレンマ（宮本太郎 2017：153）として、次の三点が指摘されている。
　　1．財政的困難の中での着手
　　2．自治体制度改革の不十分・未対応
　　3．雇用の劣化による中間層の解体……相対的貧困率2012年16.1％
　これにより、本来の普遍主義改革が展開できないジレンマに陥っている。子
ども・若者支援においても、先ほど見た地域協議会の設置が進まない背景には
こうした実情もある。そのため、次のような状況が生まれている。

　　　「自立支援についても、就労支援に財源が回らないまますすむ。非正規の
　　　不安定な雇用しか選択肢がない状況では、自立支援は空回りし、劣化した
　　　就労の義務づけという性格を強めていく。」（宮本太郎 2017：164）

　以上のように、労働、福祉の分野における日本の自助、共助を中心とするこ
れまでのセーフティネットがほころんできている状況を踏まえ、子ども・若者
支援の“第三の領域”としての新しい展開を検討する必要がある。

4.“第三の領域”としての子ども・若者支援の必要性
―背景としての1990年代以降の動向―

　日本における新自由主義的な社会構造改革は、1970年代までの「福祉国家」
的な政策の見直しのため、1980年代前半の中曽根内閣以降、「小さな政府」を
めざす「市場原理主義」が推し進められた（児美川2010）。1990年代後半までは、
高卒、大卒者の4月一括採用を基本としていたため、学校から職場への移行は
あまり大きな問題とならなかった。しかし、90年代のグローバル化の進行と
日本経済の減速の中で、日本型雇用慣行（終身雇用、年功序列型賃金）が崩れた。
企業の経営合理化のための人件費の削減、派遣労働の規制緩和などの新自由主
義的経済政策により、雇用の流動化と非正規雇用労働者の増加という事態が現
出し、就労をめぐる問題が大きくクローズアップされるようになった（小杉
2003、2005；宮本・小杉2011）。ニート、フリーターに代表される就労の不安定
化は、80年代に顕著になった不登校問題とも連動して、「ひきこもり」の顕在

化という形で90年代後半以降に問題化する[7]。こうした若者の就学・就労をめ
ぐる不安は非婚化を進め、さらなる出生率の低下につながっている。若年雇用
問題と非婚化が、若者の「成人期への移行」問題として社会的な関心を高める
こととなる（宮本 2015：23）。

　欧米においても、90年代以降、「プレカリアート」（precariat[8]：「不安定な雇用
を強いられた人々」）という言葉の登場（乾 2013）、また「3分の2社会」、つま
り社会の中心をなす被雇用者層（3分の2）と社会の周縁に位置する雑多なマー
ジナル層（3分の1）に分極化しているという実態が生じ、格差社会や新たな貧
困が課題となる。ドイツやイギリスでは、子ども・若者支援やユースサービス
などの展開により、就労支援だけではない若者支援が展開されており、日本が
参考にすべきモデルともなっている（生田・大串・吉岡 2011；立石・生田 2011）。

　2000年代以降、日本ではグローバル経済競争に先導された「国家主導型の
開発主義」に重点が移行してきている。80年代、90年代の「小さな政府」を
めざす「市場原理主義」政策のもとで格差が拡大し「排除型社会」となってし
まった日本社会において、「社会的統合」をつむぐため再度「包摂型」を一定
程度模索する必要性に迫られる（児美川 2010）。

　若者雇用問題への包括的な支援策として、2003年から「若者自立・挑戦プ
ラン」が展開し、具体的には特にフリーターの就労を支援する「ジョブ・カ
フェ」（2004年、就職セミナー、企業等での短期体験プログラム、職業相談などを提
供）が各都道府県に設置され、また「地域若者サポートステーション」[9]（2006年、
略称サポステ；学校から社会への移行に困難を抱える若者、特に無業状態にある若
者を対象に就業につながる支援を提供）の開設などにより就労支援が行われる。

7　2015（平成27）年度『子ども・若者白書』によれば、平成26（2014）年において、「若年無
　業者」（15〜34歳の非労働力人口のうち、家事も通学もしていない者）56万人、「フリーター」
　（15〜34歳で、男性は卒業者、女性は卒業者で未婚の者のうち、「パート」か「アルバイト」
　に就いている者、探している・希望している仕事が「パート・アルバイト」の者）179万人
　である。それぞれ、15~34歳人口に占める割合は、「若年無業者」2.1％、「フリーター」6.8％
　である。また、平成22（2010）年の調査では、「広義のひきこもり」（「ふだんは家にいるが、
　自分の趣味に関する用事の時だけ外出する」者を含む）は69.6万人（推計）である。

8　precarious「不安定な」と Proletariat「労働者階級」を組み合わせた語。

9　相談支援事業（キャリア・コンサルタントなどによる専門的相談など）、サポステ・学
　校連携推進事業（在学生に対するアウトリーチ（学校での支援）、中退者支援など）、若者
　無業者等集中訓練プログラム事業（一部において実施：2013年15サポステ）などを展開し
　ている。2006年に設置（厚労省委託）され、2020年177ヶ所、2019年度就職等進路決定者
　数10,603人（対象は、15歳から49歳である）。

表3-1　子ども・若者支援関連施策年表

```
1992年前後　バブル経済の崩壊
1997年　児童福祉法改正：学童保育の法制化
1999年　「青年学級振興法」廃止
2002年　文科省：キャリア教育の推進に関する総合的調査研究協力者会議
2003年　「若者自立・挑戦プラン」
2004年　ジョブカフェ（後に都道府県へ移管）……若者の就職支援開始
2006年　地域若者サポートステーション
2008年　リーマンショック
2009年　「ひきこもり対策推進事業」→ひきこもり地域支援センター
2010年　「子ども・若者育成支援推進法」施行　→　子ども・若者ビジョン策定
2010年　パーソナル・サポート・サービス・モデル事業
2011年　「求職者支援法」
2011年　中教審答申「今後の学校におけるキャリア教育・職業教育の在り方について」
2013年　「子どもの貧困対策法」（2015年4月施行）
2013年　「生活困窮者自立支援法」（2015年4月施行）
2014年　厚労省・文科省「放課後子ども総合プラン」
2015年　「青少年の雇用の促進に関する法律」（勤労青少年福祉法等の改正）
2015年　「公職選挙法等の一部改正」→選挙権：満18歳以上
2015年　中央教育審議会答申（チーム学校、地域学校協働活動、教員の資質能力向上）
2016年　児童福祉法改正（子どもの権利条約に基づき、全ての児童の福祉への権利を
　　　　　明記）
2016年　「教育機会確保法」
2016年　「子供・若者育成支援推進大綱」（子ども・若者育成支援推進本部決定）
2018年　18歳を成人とする改正「民法」成立→2022年4月施行
```

2010年施行の「子ども・若者育成支援推進法」により、より包括的に若者の自立を支援する社会システムの確立が目指される（表3-1参照）。

5. キャリア支援・教育での議論から

　児美川孝一郎（2010：18）によれば、上記の「若者自立・挑戦プラン」の策定とその後の若者自立・挑戦戦略会議の活動について、「曲がりなりにも日本で初めての省庁横断的な、総合的な若者政策」だと一定の評価をしている。だが、その一環としてのキャリア教育政策は「勤労観・職業観の育成」を掲げるが、「既存の労働市場に『適応』していくこと」、意欲と能力の喚起による「エンプロイアビリティ」（雇用される能力）の向上など、「基本的には新自由主義的な『自己責任』論の枠内」（児美川2014：24）にあるものではないかという疑問

を呈している[10]。

　学校教育におけるキャリア教育の展開の観点から、藤田晃之（2014）は、「学校から職業への移行」における「キャリア教育の最大の弱み」を「『目の前の子どもたち』が『我が校』を離れた後の状況にまで及ぶ継続的な支援・指導の際だった脆弱さ」（p.268）だとする。そして、学校のキャリア教育と学卒者等を対象としたキャリア形成支援（就業支援など）のはざまに陥った、「高等学校を離学してから1年以内の者」のうち「最若年移行困難層」として、特に下記の若者集団をあげている（p.270）。

　　①高校中退者：他の学歴を有する者に比べ、ニートと呼ばれる無業状態に
　　　陥る割合が圧倒的に高い。
　　②高校卒業後の就職を希望していながら卒業時（三月末まで）に就職できな
　　　かった者：「学卒一次就職」に際して具体的な困難に直面しており、「最
　　　若年移行困難層」の典型である。
　　③離職した者：高校卒業後1年以内という極めて短い期間での離職により、
　　　職務経験や終業後に獲得した専門的な知識・技能を活かした再就職が困
　　　難である。

　藤田によれば、2012（平成24）年度には、上記はそれぞれ①51,780人、②8,039人、③32,012人、計91,831人、同年齢約110万人中8%に達する。
　「最若年移行困難層」に向けた支援としては、前述の「ジョブカフェ」や「地域若者サポートステーション」があり、「サポステからの支援を受けつつ就業に向けた努力を重ね得る環境を醸成することは極めて重要」だとしている

10　2011（平成23）年の中央教育審議会答申「今後の学校におけるキャリア教育・職業教育
　　の在り方について」（第1章「キャリア教育・職業教育の課題と基本的方向性」(1)「『キャ
　　リア教育』の内容と課題」）では、下記の記載があり、それ以前の勤労観・職業観の醸成（形
　　成）の強調から、一定の広がりが見られる。
　　○「人は、他者や社会とのかかわりの中で、職業人、家庭人、地域社会の一員等、様々な
　　　役割を担いながら生きている。」
　　○「人は、このような自分の役割を果たして活動すること、つまり『働くこと』を通して、
　　　人や社会にかかわることになり、そのかかわり方の違いが『自分らしい生き方』となっ
　　　ていくものである。」
　　○「人が、生涯の中で様々な役割を果たす過程で、自らの役割の価値や自分と役割との関
　　　係を見いだしていく連なりや積み重ねが、『キャリア』の意味するところである。」

（p.275)。その点で、「学卒後の初期キャリアの在り方はその後のキャリア形成に大きな影響を与え、初期段階での移行困難はいわゆる『傷痕効果』として長期間の影響を及ぼします。それゆえ、移行困難の未然防止と初期対応は切れ目なく提供されなくてはなりません。」と述べている（p.276)。

　以上の通り、児美川が指摘する日本初の「総合的な若者政策」が有する個人「適応」型の能力開発の限界、また藤田が述べる学校教育中心のキャリア教育の不十分点である、学校を離れた後の継続的な支援・指導の脆弱さ、とりわけ「最若年移行困難層」支援の必要性を踏まえ、"第三の領域"を構想する必要がある。次の議論は、そうした背景を踏まえた提案のひとつである。

6.　若者移行政策の議論から

　宮本みち子（2015：242)は、「自立に向かう若者に特有のニーズを理解し、教育、雇用、福祉、保健・医療などの包括的な環境整備をめざす」若者移行政策を提唱している。政策の重点は以下の通りである（宮本みち子2015：242-244)。

・移行期の試行錯誤を認める
・職業教育・訓練機会を保障する
・非正規雇用労働者の処遇見直し
・失業と離転職が負の経験とならない社会体制
・積極的労働市場政策と仕事の多様化
・支援環境の豊富化、
・社会への参加を保障する能動的福祉政策
・若者の社会保障制度の構築

さらに、四つの柱として以下の指摘がある（宮本2015：241f)。

1. 〈学び〉学校教育の改革とオルタナティブな学びの場を作る
2. 〈つなぐ〉若者の社会参加を支える仕組み作り
3. 〈生活支援〉若者が生きていく生活基盤作り
4. 〈出口〉働く場・多様な働き方を増やす

　こうした若者移行政策は、ニート、ひきこもりなどの状態にある「若者無業（・失業）者」層と非正規労働、フリーターの状況にある「不安定な就労状態にある」層だけが対象ではない。つまり、「安定的な就労・就学状態にある」層においても、就業・就学形態のストレスなどに起因する離職や中退等により無業化や不安定化の可能性が高く、相互に流動的である（参照：藤田栄史 2014；横浜市青少年自立支援研究会提言2007）。ターゲットを絞った支援だけでは不十分であり、より広範でユニバーサルな取り組みが求められている。

　また、こうした若者移行政策を遂行する上での課題の一つとして、宮本（2015：247-248）が指摘するのが、「支援が必要な若者に関与する人材の養成」である。その理由は、次の点にある。

　　「若者支援の歴史が浅いため、高齢者、障がい者支援の世界と比較すると支援に従事する人々の社会的地位と処遇には課題が多く、力のある支援者が定着しないという実態がある。また、現場の実践をもとに短期間のうちにノウハウが築かれてきたため、体系的な養成システムが確立していない。それだけ支援者の質にムラがある。」

　宮本らの提起は、自立に向けた包括的な若者移行政策を位置づける必要性、そのための支援者の人材養成の必要を示している。しかしながら、就労支援という方略・方法に重点が傾いていることは否めない。

7.　ユニバーサルを踏まえたターゲット・サービス ―つなぐ視点―

　上記の問題状況の克服に向け、支援の現場ではどのように対応しているのであろうか。

7.1　一般社団法人キャリアブリッジ（大阪府豊中市）

　キャリアブリッジは、「就労・自立を目指す若者や女性に対し、企業・地域への橋渡しを行い、継続的な就労と幸福な生活を獲得すること」を目的にしている。具体的には、豊中市立青年の家「いぶき」を中心に、とよなか若者サポー

トステーション、くらし再建パーソナルサポートセンター、若者支援相談窓口などを通じ、個別的対応で「仕事」「進路」探しを応援している。

　いわゆるターゲット的な取り組みを中心としているが、より広範な若者を対象とするユニバーサル・サービスの必要性を白水崇真子・前代表理事が語っている（2013年12月7日、子ども・若者支援専門職養成研究所集中学習検討会）。

　　「若者たちの状況っていうのは、困難になったり普通になったり、調子が良くなったりっていうような感じで、状態は変化すると思うんですが、ターゲットサービスは"困難な人"と絞ってしまうので、そのサービスをすればするほど、利用する若者たちが孤立していく。それで、自分たちは特別な若者、ダメな若者なんだみたいに、支援をすればするほどなっていくし、戻る場所として、ユニバーサルサービスと混ざるっていう感覚がない。だから、"ダンフェス（ダンスフェスティバル）に来ている子だって若サポ（若者サポートステーション）来ていいんですよ"と言っても、"自分でしっかり進路を決められる人はいらないでしょ"と言われるので、"世界中のどこに十代で全ての職業を理解して自分の進路を決めて、自己理解をしているような若者なんているんですか"って言うと、そこではじめて、"あ、そうか"っていう話になって、"混ぜればいいんですね"っていう風になる。"ダンスやバンドやっている子も、キャリアや進路について相談していいんだ"って結論に至るまでの話を二時間ぐらいしないと分かって頂けないというのが、日本の現状なのかなと思います。」

　若者サポートステーションは就労において「困難な人が対象」と限定的だが、就労支援とは関係ないと思われている「ダンスやバンドをやる若者」も実はいろいろ課題を抱えていて、ターゲット的な取り組みだけではニーズや課題に応えることができない状況が語られている。若者による多様な活動の展開の中で、ターゲット的な窓口にもアクセスできる仕組み作りが求められている。

7.2　公益財団法人京都市ユースサービス協会

○ユニバーサルな側面

　当協会は、ユースサービス、すなわち「若者の主体的・自主的な行動を促すこと」などにより、「子どもから大人への移行を支援」するため、1988年に設

立された。青少年活動センター7館の指定管理者として各館5〜6名のユース
ワーカーで業務を担当している。

　たとえば、伏見区にある伏見青少年活動センター（愛称・ふしみん）は、「多
文化共生」「居場所づくり」「青少年の地域参画」を柱とする活動を展開している。

- 外国籍の方の健康相談・検診の場とともにフードコートもある「健康フィ
エスタ」、日本語学習支援を行う「にほんご教室」などの多文化共生関連
の事業
- 中高生の利用も多い「つながりカフェ」、それを担うボランティアによる
「ブレイクコーナー（仮称）」など、広く明るい空間のロビーアクション
- ロビーの前にあるテラスの縁庭での野菜・果樹づくりをしつつ、関係づく
りを支援する「アフターはふしみんへ」などの居場所づくり
- スポーツルーム（体育館、柔道場）
- 青少年による映像制作拠点メディアパブ・スタジオ

　このように、多様な若者が集い主体性を発揮できるユースワークの展開が魅
力となっている。また、次のターゲット型の事業と関連づけながら展開されて
いる。

○ターゲット的な側面

　若者サポートステーション（2006年）、子ども・若者支援室（2010年）が設置
され、協会が京都市に二つある子ども・若者総合相談窓口の一つとなった。ま
た、子ども・若者支援地域協議会の指定支援機関となり、支援室はその中心的
な役割を果たしている。

　支援室の主な役割は、○来所相談（ひきこもり相談約6割、20代5割）、○訪問・
同行・電話・手紙・メール・チャットなど状況に応じた支援、○地域協議会構
成団体を中心に連携支援のコーディネートである。

　相談では、支援「する─される」の一方向ではない関係づくり、人が本来持っ
ている力の発揮を志向する支援、自己選択・決定を促す支援などに心がけてい
る。

　支援室での相談から、次のステップとして、たとえば中京センターの居場所
事業「街中コミュニティ」への参加による人との関係づくりや料理・創作など
の体験、さらには南センターでの喫茶運営の中間就労的活動への参加、中京セ
ンターにある若者サポートステーションとの連携など、多様で総合的な展開が
されている（個人→居場所・小集団→集団・社会）。

8. まとめ

　"第三の領域"は家庭、学校と並ぶ、社会への移行支援としての領域であるが、その必要性と課題に関わって、次の点を指摘できる。

(1) 1990年代以降、「戦後日本型循環モデルの破綻」に伴い、新自由主義的な社会構造改革のもとで拡大した格差や就労環境の悪化を是正・修正する社会的包摂・統合の方向性において、子ども・若者支援が展開されている。しかしながら、就労支援や個別支援に偏重しており、より総合的・包括的な視点の必要性の指摘があり、"第三の領域"はその方向性での問題提起である。

(2) "第三の領域"について、総合的・包括的な視点から、具体的に宮本みち子 (2015) らの若者移行政策が提起されている。しかし、それには、就労に還元されない「居場所」となるコミュニティの創造、福祉や教育の枠組みに位置づけられない文化領域での自由空間の創出やアニマシオン（生命・精神の躍動）の創造、若者の自立や支援の枠組みを検討する課題がある。それを含み込んだ枠組みが、第5章で検討する「子ども・若者の自立・統合（包摂）と支援の枠組み」である。

　次章では、子ども・若者支援の歴史的理解を踏まえて、それに関連する動向を検討し、新たな展開の可能性を考える。

4 子ども・若者支援の歴史的理解
──「学問」領域の欠損

　子ども・若者支援は、図0-1のユニバーサルな側面では子ども会、青年団などの団体活動ならびに校外指導、野外活動や青少年センター等の施設での活動などが関連し、ユニバーサルな側面でもありターゲット的な側面ともいえる居場所づくり、就労支援につながる実業補習や学校教育の補完、そしてターゲット的な側面に焦点を当てた教育福祉的な取り組みを含んでいる。これらを対象にする青年教育論、校外教育論、学校外教育論、青年期教育論、教育福祉論、居場所論などと関連する。これらは、「子ども・若者政策の三つの源流」と交差しているとともに、日本の社会教育をめぐる議論と深く関わっている。

1.　歴史的理解─戦前の動向─

　本題に入る前に、戦前からの歴史を振り返ろう。学齢期にある子どもたちに対しては校外教育が位置づく。「校外教育とは、学校教育の時間、場所、内容及び年齢の外にある児童に対して、保護、指導及び組織の必要から行う教育作用である。」（松本 1937：36；小川 1978c：137）とされ、元来は感化教育的児童保護事業としての性格を持ち、「時代ノ急激ナル推移」にともなう「社会的環境」の悪化を契機とし、そのために生ずる「不良ナル影響ヲ防止」することを目的とするものであった。1933（昭和8）年12月の文部省訓令「児童・生徒ノ校外生活指導ニ関スル件」は、「学校教育ノ補足」として家庭・地域生活の指導に学校教員が関与することが求められた。そして、「少年団運動等」のあり方が特に重視されている[1]。

1　戦前の校外教育は次のような系譜をたどる（小川 1978c：128f；参照 松永 1937）。
　(1)「校外監督」または「取締り」（明治40年頃から大正初期）

この校外教育には、下記の四つの分野がある（松本 1937：36）。

　第一分野（時間外及び半場所外）：保護的（消極）、指導的（積極）……低学年
　　的（消極的断片的）
　第二分野（正課外）：知育方面、情操方面、保健方面……全学年（文化的）
　第三分野（正課外及其他）：校外自治団、防火団、少年団……高学年的（団
　　体的奉仕的）
　第四分野（年齢外）：幼児、一般青年、中等校生……第一分野、第二分野、
　　第三分野：独自的

　以上のように、校外教育は、放課後生活指導、放課後学習指導、団体的奉仕
活動、地域教育活動という学校外の活動を包括する概念であった。
　上記の第四分野の一般青年に関わって青年教育が位置づく。青年教育には、
社会教育が実践領域として、そしてまた専門的研究として関係する。青年教育
研究に関連して、日本の社会教育の歴史的理解として、学校教育の「補足」「以
外」「拡張」という宮原誠一による整理（宮原 1977）、同じく宮原が述べた「二
つの青年期」「精神労働と肉体労働の分裂」（宮原 1966）は、近年に至るまで大
きな影響力を持っていた。「二つの青年期」とは、戦前において旧制中学へ進
学する若者、他方で地域に残り高等小学校や実業補習学校（「補足」としての低
度実業教育の実施機関）、そしてのちの青年学校（1935年発足）などへ進み、青年
団などの学校「以外」での地域実践活動の中心になる若者という両側面である。
後者の若者が主に社会教育の対象となる。特に青年期の社会教育は、20歳の
徴兵検査、25歳の男子普通選挙権の行使を見据え、兵式訓練を含めた公民教
育と低度実業教育が中心であった。具体的には、夜の時間などの空き時間を活
用して小学校の教室を使い、定時制教育のような形で、そしてまた青年団活動
と一体的に展開することが地方では多かった。その目的は、日本帝国臣民とし
ての道徳（公民）教育、生産活動を担う最低限の知識と技術、心身の鍛錬とい
う心と技能、身体の形成に関わるものであった。
　戦前の社会教育は、一般青年の問題を「社会問題」（小川 1987：2）として、よ

---

(2)「校外教護」または「校外補導」（大正末期まで）
(3)「校外教育」（昭和初年以来）
(4)「校外生活指導」（特に昭和7年以後）

り具体的には「生活改善との関連」（上杉 1993：15）で教育的対応が進められ、青年団、子ども会、夜学的な実業補習学校、青年学校などの制度化への道程を歩む中で、学校や国家の機能を「補足」、補完する関係で整備されてきたのである。

2.　歴史的理解—戦後の動向—

　戦後は、戦前の統制的、教化的な社会教育のあり方への反省の上に立つとともに、1948年の文部省と労働省の協議により公的社会教育は非職業的教育が中心となった。公的社会教育は、「あらゆる機会、あらゆる場所に於て」実現されるべき「国民の自己教育、相互教育」であり、生活に根ざした学習活動を支える役割が求められるに至る[2]。その意味で、地方自治体のあり方と密接に関連するとともに、社会教育の主体としての住民、すなわち住民の学習権の保障が重要な課題となる。

　小川利夫（1987）[3]と倉内史郎（1983）[4]の社会教育に関する整理を踏まえると、

---

2 「社会教育は本来国民の自己教育であり、相互教育であって、国家が指揮し統制して、国家の力で推進せらるべき性質のものではない。」（寺中 1949：9-10）

3 小川（1987：10-11）は「社会教育」の思惟様式として下記のように整理し、「社会」「学校」「国家」「自治体」の中心に「人権」を措定しつつ、これら五つが「今日も無視できない社会教育の基本問題」であるとしている。

　明治期：「社会」（社会問題教育としての社会教育）…山名次郎「社会教育論」（1899）

　大正期：「学校」（教育的デモクラシーとしての社会教育）…春山作樹「社会教育概論」（1932）

　戦前昭和期：「国家」（国民教化としての社会教育批判）…吉田熊次「社会教化論」（1937）

　戦後：「自治体」（地方自治としての社会教育）…寺中作雄「社会教育法解説」（1949）：生活の中にある教育

　高度成長期以降：「人権」（人権としての社会教育）…枚方の社会教育（1963）：社会教育の主体は市民

4 「あらかじめある一つの基準なり尺度なりをもって測ることをせずに、むしろ諸理論を"相対化"してみる視点が有効ではないか」という観点から、倉内（1983：180-182）は、社会教育の「総体」を三つの理論で捉えようとした。

　統制理論は、「社会の側から個人を統制し方向づける観点」である。戦前の国民道徳の涵養、国家観念の育成、思想善導などがあげられ、戦後においても共通目標的な取り組みや啓発活動に見ることができる。

　自発性理論は、「個人の自主性、自発性に基づく自由な学習の展開を社会教育の本質とみる」観点である。戦後の「国民の自己教育、相互教育」としての社会教育理論はそうである。

　この二つの中間に位置するのが適応理論である。「一方では個人の外部から課せられる諸要求と、他方では個人の内的欲求との調整を援助するところに社会教育の役割をみようと

戦前は「社会」「学校」「国家」という体制側のシステムへの統合・同化的な統制理論に基づく対応が中心であったが、戦後は民主主義と地方自治の本旨に即した「自治体」「人権」を重要な側面とする課題対応が意識化され、住民の学習権・発達権・生活権保障のあり方を模索してきたといえる。基本的には自発性を重視する理論に依拠しながら、社会への適応や編入を視野に入れながら展開していく。

　福祉国家的方向性を模索しつつも、オイルショック（1973年）後の減量経営が強いられる中、小さな政府と市場の自由化を求める臨調・行革路線による新自由主義的な傾向が強まる。臨時教育審議会（1984～87年）での民間活力の活用を中心とする生涯学習体系への移行（個性化と多様化、地方分権など）の流れにも影響を受けて1990年代以降、とりわけバブル崩壊後に「プレカリアートprecariat」（不安定な雇用を強いられた人々）が3分の1を占める社会の中で、「公共性」のあり方、社会政策のあり方、個の生活と社会的責任のあり方が厳しく問われている。また、今日的な就労支援などは適応理論に沿ったものと考えられる。これに関連して、「個人を、一律に押しつけ的にではなく、自発的に外部の枠組みに順応させていく（資格の取得、職場人としての適応などを考えよ）という意味では、〝ネオ統制理論〟といえなくもない面がある」と興味深い指摘がある（倉内 1983：182）。

　これらの前提を踏まえ戦後の動向を検討する際に、大きく次の3つの時期区分により議論したい：(1)青年団や青年学級などの青少年（青年）教育ならびに青年期教育の再編成と「たまり場」づくり（1950年代～70年代中頃）、(2)学校外教育の拡充・多様化と居場所論の展開（1970年代～90年代）、(3)子ども・若者支援に向けての施策（1990年代後半～2000年代）。

2.1　青少年（青年）教育ならびに青年期教育の再編成と「たまり場」づくり（1950年代～70年代中頃）

小川利夫（1978a：7-8）の言では、「現代日本の児童・生徒の大半は、おそくとも18歳までに『明日の働く青年』として世に出ていくことをいわば運命づけられている。彼らは、いずれわが国市民の大半、労働者の大半、母親や父親

　する」観点である。生涯学習の基礎理論としての発達課題説も、「個人の側に視点をおいて、個人の側から外的状況にどう反応していくかという見方」のためこの傾向があるとしている。

の大半となるのである。」

　このように、高度成長期から80年代頃に至る青年期の問題として小川が指摘するのは、第一に学校(「進路」意識の形成をめぐる問題)、第二に職場(「卒業後における青年労働者の形成」)、第三に青年集団とりわけ青年運動の果たす役割(「みずからの主体的な人間性を取りもどすいわば第三の『生活空間』」)である。

　このため、「勤労青年」を対象とした教育事業や活動の場として青年の家や勤労青少年ホームが位置づき、そして高校に代わる学びの場を保障するため学校教育の「代位」的な措置として制定された青年学級振興法(1953〜1999年)により青年団や公民館を中核とした青年学級も設置され、青年教育や活動が展開された。戦後から1960年代までは社会教育の重点のひとつは勤労青年教育であった。

　つまり、青年団や青年学級などでの学びは、高校教育の「代位」的な学びなど学習権保障を中心としつつ、職場における疎外された労働を回復する上での集団形成の役割に重点を置いていた。しかし、高校進学率の上昇や青年団員数の減少により参加数も減少し衰退していった(生田1992)。このため、社会教育の重点は後述の通り70年代から「在学青少年の社会教育」へと移行する。

　他方、「健全育成施策」と「非行対策」としての取り組みも学校外で行われる。健全育成策の問題点としては、「健全な」「子ども」の参加に偏りがちであり、その反対に非行対策の問題点としては対症療法的で原因に迫れないという問題点が指摘されてきた。これらは今日の内閣府につながる総理府などを中心に展開されることとなる。

2.2　学校外教育の拡充・多様化と居場所論の展開(1970年代〜90年代)

　高度経済成長のもとで都市化が進み進学圧力が強まる中、子どもの文化的・教育的環境の改善を目指す文化活動と住民運動、そして家庭内暴力や学校における不登校・いじめ問題の現出などにより、自然体験や集団活動の場としての学校外教育の拡充が求められ、少年自然の家の設置[5]が進められる。また小学校高学年を中心にスポーツ少年団などが隆盛する(生田1991)。そこにおいて、社会への適応を重視する理論と個々の自発性を重視する理論のせめぎ合いが焦

5　1971年に国庫補助による最初の公立施設が香川県で設置される。1975年には「国立室戸少年自然の家」が開設された。国立の「少年自然の家」は以後順次設置され全国に14施設。2006年青少年教育振興機構への統合に伴って「国立青少年自然の家」となる。

点化していく。

佐藤一子（2006：80-81）は、1970年代の日本社会教育学会年報（酒匂一雄編〈1978〉『地域の子どもと学校外教育』）と1990年代を踏まえた年報（日本社会教育学会編〈2002〉『子ども・若者と社会教育―自己形成の場と関係性の変容―』）における学校外教育論の変化を次のように捉えている。

前者は、「自主的で民主的な地域の教育力の創造とその公的援助」という視点での整理であり、「補足」としての学校外教育の歴史的性格を脱し切れていない。他方、1990年代以降になると、学校の「補足」ではなく、子どもの権利条約の「参画」の視点を含め「独自の教育・学習の作用をもった子ども・若者の『自己形成空間』が意義づけられている」。

しかし、その意義づけは、社会教育においてどういう意味を持つものだったのだろうか。居場所論（田中2001；萩原2001；萩原2018）やアニマシオンなどの重要な指摘はある（第6章で詳述）。たとえば、増山均（1997：199）は、「魂（精神）をワクワクさせながら自由に想像し創造していくアニマシオン活動、文化・芸術活動の分野が貧弱」であることに警鐘を鳴らしている。能力主義や管理主義によって歪められ「〈学校〉に枠づけられた〈教育〉」を中心とする〈不安と競争の子育て〉を「日本的特殊性」とし、「福祉・文化・教育の諸機能を総合的に含んだ多面的な子育て運動」の広がりによる〈安心と協同の子育て〉の必要性を提起し続けている。

他方、小川利夫・土井洋一編（1978）『教育と福祉の理論』、小川利夫（1985）『教育福祉の基本問題』、高口明久編（1993）『養護施設入園児童の教育と進路』、時代は少し下るが望月彰（2004）『自立支援の児童養護論』などにおいて、児童養護施設の入所児童、集団就職者、青年労働者などが抱える生活・教育課題を踏まえ、福祉領域における子ども・若者の学習権保障の検討・提案が行われてきた。とりわけ小川は、「教育福祉」問題の関連構造（表4-2）を検討する中で、次の三つの側面の提案を行っている：

・「教育福祉」問題[6]：社会福祉に内包されている課題、
・「福祉教育」：社会福祉に対する学習権として外延的な課題、
・「社会福祉の専門教育、大学教育」：社会福祉の科学を規定する課題。

6「今日の社会福祉とりわけ児童福祉事業のなかに実態的には多分に未分化に包摂ないし埋没され、結果的には軽視ないし剥奪されている子どもと青年の学習・教育権上の諸問題が、ここでいう教育福祉問題」（小川1978b：7）。たとえば、青少年福祉センター編（1989）『強いられた「自立」』に見られる児童養護施設の問題点の指摘など。

表4-2　「教育福祉」問題の関連構造（小川 1978b：11）

「福祉専門教育」	
学校「福祉教育」	社会「福祉教育」
「学校福祉」	「学校外教育」
「教育福祉」問題	

　しかし、こうした取り組みの枠組みを、社会教育的枠組みとして統一的に問題提起しようとする試みが弱かったのではないかと考えられる。なお、「教育福祉」は、次節で新たな展開について触れる。

2. 3　子ども・若者支援に向けての施策の推進を受けて（1990年代後半～2000年代）

　この時期、学級崩壊、児童虐待、学力低下が問題化し、発達障害への関心も高まる。非正規雇用が勤労者全体の3分の1に達するなど格差と貧困が拡大する中で、ニート、フリーター、ひきこもりが問題化し今日に至っている。ヨーロッパでも、「プレカリアート」問題が深刻な話題になる（Kessl/ Klein/ Land-häußer 2011; Maus/ Nodes/ Röh 2010: 15）。

　こうした背景のもとで、従来の「青少年」から「子ども・若者」へと用語が変化する。これは、子どもを巡る問題とそれに続く"青年期以降"の問題について、とりわけ後者の問題が就労支援の必要性や「ひきこもり」の長期化などが顕在化する中で30歳代以降を視野に含めた言葉として「若者」が使用されるようになる。たとえば、1956年から発行されていた『青少年白書』[7]は、子ども・若者育成支援推進法に基づき2010年から内閣府が『子ども・若者白書』として発行するようになった。なお、「子ども」表記を2013年に文部科学省が「子供」に変更したことに伴い、2015年からは『子供・若者白書』となっている。

　この中で、イギリスでニート支援のコネクションズサービスの支援の取り組みに若者の自発性を大切にするユースワークの手法が採用されたことなどをきっかけに、ユースサービス（ユースワーク）に注目が集まる（立石 2007；立石・生田 2011；井上 2019）。しかし、乾彰夫（2013：56）は、「ユースワークなど『新たな』実践領域と専門性の形成も試みられている」中で、「社会教育の存在感がもう一つ薄い」点を指摘する。具体的には次の点での存在感の薄さである（乾

7　1956年については『青少年児童白書』。

2013：65-66)。しかしまた、その裏返しとしての期待でもある。

・70年代以降、欧米で進んだユースワークの展開について十分な議論を日本でしていないため、「ユースワーク不在の時代」となった。イギリスやドイツの外国研究中心であった。
・エンプロイアビリティ（employability 就業可能性）を中心とする若者支援のあり方について、若者の社会参加や社会的包摂の歴史的遺産があるにもかかわらず、きちんと批判していない。
・「『個人の個別ニーズに応える』よりも地域コミュニティの中での関係性を育てるというアプローチ」が「社会教育固有のもの」として期待している。

以上の点を反省的に踏まえて、筆者の研究プロジェクトの展開がある。

他方、今日、社会福祉の領域において、「教育福祉」の定義が教育権と生存権保障のための総合的な取り組み、ならびにそのための人材育成として示されている（川村・瀧澤 2011：4-6)[8]。具体的には、下記の二類型、つまり一般国民対象の「一般教育福祉」と人材育成の「専門福祉教育」に区分されている（川村・瀧澤 2011：12-18)。

○一般教育福祉：国民一般を対象とした教育福祉
・教育における福祉的対応……主として国民の学習権の享受を実体的に保障する営み
　　学校保健（学校衛生）活動、学校給食活動、学校安全および災害共済給付、就学援助制度、スクールソーシャルワークなど
・福祉教育……主権者としての福祉の担い手を形成する
　　各教科を通じた福祉学習、「総合的な学習の時間」や道徳教育の活用、特別活動などにおける福祉的活動への参加、学校外活動やボランティア活動など
○専門福祉教育
・国や地方自治体、社会福祉法人による社会福祉専門職（ソーシャルワーカー）の研修

---

8 教育福祉は、「国が国民に対して教育権と生存権を保障し、福祉社会の構築（形成）のために有用な人材の育成、および国民が、長い人生におけるさまざまな問題を解決し、自己実現と社会変革をめざすことにより、だれでも住み慣れた地域で、いつまでも健康で自立して生活できるよう、自己および他者の幸福のため、教育と社会福祉にかかわる総合的な制度・政策および事業・活動」とされる。（下線：筆者）

・学校による専門福祉教育
　　　　福祉系高等学校、専修学校、短大、大学による介護福祉士、社会福
　　　　祉士、精神保健福祉士の養成教育

　上記の「一般教育福祉」は小川の表4-2の学校「福祉教育」と「学校福祉」に
相当し、「専門福祉教育」は小川の「福祉専門教育」に相当すると思われる。「教
育における福祉的対応」が学校における対応を中心としたものとなっており、
とりわけ小川が関心をもち研究対象とした児童養護施設などの社会的養護問題
に代表される、教育上・学習上において疎外され不利益を被る子ども・若者へ
の支援にあたる部分が十分に視野に入っているとはいえない。
　よりチャレンジングな取り組みは、大阪府立大学地域保健学域教育福祉学類
の創設である。大阪府立大学では、2012年度から、「さまざまな困難や課題を
抱える一人ひとりが尊厳をもって生きられるよう支える社会福祉的支援とその
一人ひとりが自己を実現し社会に関わり貢献する教育的支援の双方の視点を統
合し、新たな人間支援を切り拓く学問的、実践的チャレンジ」として教育福祉
学類が創設された（関川・山中・中谷編2017：281）。2015年3月に教育福祉研究
センターを設置し、教員及び福祉専門職を対象とする専門職リカレント教育の
実践、ならびに研究成果の周知を行っている。
　センターでは、四つの教育福祉的アプローチの研究グループにより、研究の
深化を図っている。四つのアプローチは、①人々の多様性を尊重する、②生涯
にわたり人生を豊かにする、③子ども・家族の生活を支える、④障害／健常と
いった線引きを超える、各研究である[9]。
　また、辻浩（2017）、松田武雄（2015）などが子ども・若者支援と地域づくりと
を関連づけながら教育福祉論を整理し、新たな問題提起につなげようとしている。

3. 関係性を育てるアプローチ

　研究と実践現場が共同して、乾が先に指摘した研究の不十分性の克服を試み
る取り組みが進んでいる。特に、子ども・若者の「個人の個別ニーズに応える」

---

9 出版物として、『教育福祉学への招待』（山野・吉田・山中・関川編2012）、『教育福祉学の挑
　戦』（関川・山中・中谷編2017）がある。

ことを大切にしつつ、「地域コミュニティの中での関係性を育てるというアプローチ」を言語化し、専門性の構築や、子ども・若者支援領域の分野の確立を目指そうとする取り組みである。子ども・若者支援従事者の専門性に関わっては第3部で詳述するが、"第三の領域"を担う子ども・若者支援に関わる団体・ワーカーは、学校の評価・選別機能とは異なる、子ども・若者の主体性を育む価値観や考え方を持っている必要がある。

3.1 山科醍醐こどものひろば[10]のアプローチ

地域のユニバーサルな環境づくりを志向しつつ、子どもの貧困問題にアプローチしようとしている村井琢哉（山科醍醐こどものひろば理事長）の報告（2013年12月7日子ども・若者支援専門職養成研究所「集中学習検討会」）の中で特徴的なのは、「何もしない専門性」である。これは、学校の中で子ども達が「監視のまなざし」にさらされていることを踏まえている。

　　「常に先生たちの評価にさらされている子ども達に対して、そうじゃないまなざしを僕たちが届けない限りは、子ども達が変わらないと思っています。（中略）何もしない専門性。普通の人を届けていく専門性みたいなことを大事にしていきたいと思っています。」

その上で、「子どもが主役になれる、多様な関係性を織りなす環境づくり」がある。学校の持つ縦の関係性や同質的な関係性ではない多元性を意味し、この点は多様な人々と出会うことができる「人間浴」という言葉でも表している。

　　「大事にして欲しいのは、あくまでも子どもが育つ環境づくりの中で、子どもが主役になれるように言葉を拾う、聞く、行動を合わせていくような取り組みをしっかりやって欲しいということです。多くの場合、地域の中で子ども達は育っていくんですが、出会う大人のバリエーションがとても少ないんです。同じパターンでしか出会わない。（中略）そういった学校の

10 1980年に京都市の山科醍醐親と子の劇場から始まり、1999年に山科醍醐こどものひろばを設立した。活動目的は、「地域に住むすべての子どもたちが、心豊かに育つことをめざし、地域の社会環境・文化環境がより良くなる事」である。三つの側面（子どもの体験・文化・表現活動、子どもの貧困への対応、地域連携・社会啓発）の活動を展開している。

先生以外の大人と出会う機会を、僕たちがどれだけ作れるかっていうことが、実は専門性になったりします。」

関連して、「つながりをつくる」能力も重要である。

「僕たちは、子どもの貧困もやっていますが、貧困で困っているというよりは、繋がりがないことで、蛸壺化してしまっている。今の状況から突破出来ずに何をしたらいいのかわからない状況に陥っているので、孤立感や疎外感をどう打破していくのかに応え、出会いの場や出会える場に僕たちが出向いて行く必要があるかなと思っています。」

学校の評価のまなざしとは異なる関係の編み直しならびに構築が重要となっている。

3. 2　IJAB（ドイツ国際ユースワーク専門機関）のアプローチ

IJAB元国際青少年政策協力担当部長ニールス・メガース（Niels Meggers）は、第一に若者に寄り添う共感能力と柔軟性、第二に若者と一緒にいて、寄り添って支援する基本的な能力（若者支援の基本的な知識とスキル）、第三に専門分野をあげる。（2014年10月16日、子ども・若者支援専門職養成研究所「日独ユースワーク専門家会議」）

「ある分野に特化した専門性はもちろん必要なのですが、（中略）基本的な共感する能力、柔軟性を身に付けておけば、若者に働き掛けて"こうしろ、ああしろ"ではなく、若者と一緒にいて、寄り添って支援するという基本的な能力があって、さらにそれプラス、自分の専門分野があって、そこを必要に応じて支援していくという方法がいいのではないか。（中略）ユースワークに関わる人間はあらゆる困難に対応できるように、なるべく高い柔軟性を備えていただきたい。（中略）青少年は変わっていきます。社会も変わっていきますので、新しい困難は常に生まれてくる。そういったものに柔軟に対処できる若者をぜひ育てていただきたい。」

メガースの共感能力と柔軟性は、村井の「何もしない専門性」とも通ずるも

のがある。

3.3 都立学校「自立支援チーム」派遣事業

東京都教育庁では、2016（平成28）年度より、都立学校「自立支援チーム」派遣事業が展開されている（梶野・土屋 2016；梶野 2017）。「自立支援チーム」の業務は、「都立高校や学校経営支援センター等と緊密に連携しながら、多様かつ複合的な要因を背景として不登校になり又は中途退学（進路未決定のまま卒業）するおそれがある生徒等を対象として支援業務を実施する」ことである。その所轄は、地域教育支援部生涯学習課である。

「自立支援チーム」を社会教育の部局が施策化したのは、

・ネットワーク型行政を実現するノウハウを社会教育は有している、

・序列化が進む高校教育の下で、若者層が抱える課題が分化しており、特に学力中位層から下位層の高校では、社会教育の手法を取り入れることは非常に有効である、

という点を踏まえている。そうした点から、「自立支援チーム」に派遣されているのは、ユースソーシャルワーカー（YSW）である。

YSWは、「若者の成長を阻害する諸要因の解決を図りながら、若者（高校生）が自立した社会人へと成長していくための支援を行う者（教育と福祉を統合させた支援）」である。ユースワーカー（若者の個人的及び社会的成長とその社会的包摂を促す）とソーシャルワーカー（若者を取り巻く生活、家庭等の様々な問題の解決と軽減）の両側面を加味した役割を担っているといえる（図4-1）。

以上の東京都のYSWが高校現場と生徒に関わるアプローチは、「社会教育的支援」と重なっている。「社会教育的支援」は、ソーシャルワーク的な支援とは共通点が多いものの、若者の成長・発達の支援という点ならびに将来の「自立」への道筋を展望することにつなげる点が特徴的である[11]。

---

11 一般的に、ソーシャルワーカーとしての社会福祉士、精神保健福祉士などが展開するソーシャルワークは、「人間の行動と社会システムに関する理論を利用して、人びとがその環境と相互に影響し合う接点に介入する」支援の展開が主である（日本ソーシャルワーカー協会「倫理綱領」2005年）。そして、それによる人間の福利（ウェルビーイング）の増進を目的とする。

これに対して、「社会教育的支援」では、子ども・若者自身の自発性と関係性を大切に場づくりや環境づくりをする。

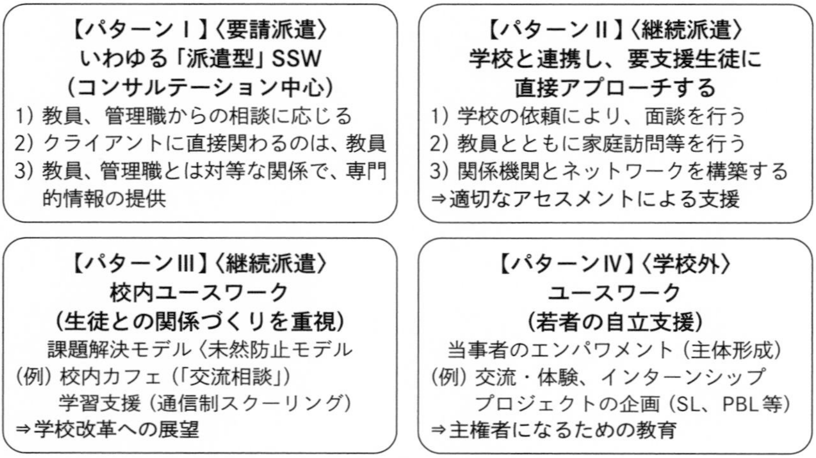

┌─────────────────────────────┐　┌─────────────────────────────┐
│　　【パターンⅠ】〈要請派遣〉　　│　│　　【パターンⅡ】〈継続派遣〉　　│
│　　いわゆる「派遣型」SSW　　　│　│　学校と連携し、要支援生徒に　　│
│　　（コンサルテーション中心）　　│　│　　直接アプローチする　　　　　│
│ 1）教員、管理職からの相談に応じる│　│ 1）学校の依頼により、面談を行う │
│ 2）クライアントに直接関わるのは、教員│　│ 2）教員とともに家庭訪問等を行う │
│ 3）教員、管理職とは対等な関係で、専門│　│ 3）関係機関とネットワークを構築する│
│　　的情報の提供　　　　　　　　│　│ ⇒適切なアセスメントによる支援 │
└─────────────────────────────┘　└─────────────────────────────┘

┌─────────────────────────────┐　┌─────────────────────────────┐
│　　【パターンⅢ】〈継続派遣〉　　│　│　　【パターンⅣ】〈学校外〉　　　│
│　　校内ユースワーク　　　　　　│　│　　ユースワーク　　　　　　　　│
│　（生徒との関係づくりを重視）　　│　│　（若者の自立支援）　　　　　　│
│　課題解決モデル〈未然防止モデル │　│　当事者のエンパワメント（主体形成）│
│（例）校内カフェ（「交流相談」）　│　│（例）交流・体験、インターンシップ│
│　学習支援（通信制スクーリング）　│　│　プロジェクトの企画（SL、PBL等）│
│ ⇒学校改革への展望　　　　　　　│　│ ⇒主権者になるための教育　　　　│
└─────────────────────────────┘　└─────────────────────────────┘

図4-1　YSWの職務内容（梶野 2017：174）

4. まとめ

　以上の子ども・若者支援に関する動向の整理は、三つの源流を踏まえつつ社会教育の側面からの検討であるが、一定の普遍性をもつと思われる。

　都市化や高校進学率の上昇などを受けて1970年代を分岐として勤労青少年の社会教育から在学青少年の社会教育への変化が見られる。また、学習権保障を目指す教育福祉論の展開がみられるとともに、1980年代半ば以降からは、不登校・いじめ問題などへのフリースクールなどの取り組みもあり、また子どもの権利条約（1989年）における参画論の影響もあり、集団的な「たまり場」から一人ひとりの自己決定やエンパワメントを志向する「居場所」が大きなキーワードとなってくる。臨時教育審議会での民間活力の活用を中心とする生涯学習体系への移行（民間活力の活用、地方分権、新しい公共性）の流れにも影響を受けて1990年代半ば以降は、NPO団体などの取り組みの活発化などの新しいうねりがある一方で、指定管理者制度の広がりなどにより公共性のあり方とそれに従事する職員等の職能と専門性が問われることとなる。とりわけ、2006年の教育基本法改正により、社会教育をめぐる法的環境も大きく変化し、学校との連携、家庭支援との関連の中でその存在意義が問われる傾向が強まった

（参照：上野 2009）。

　しかし結論的には、教育福祉論、青年期教育の再編成の流れや学校外教育の構築の議論や実践が子ども・若者支援の枠組み構築には、いまだ至っていない。その背景には、(1)「戦後日本型循環モデル」とも関連する1990年代半ば頃までの「戦後日本型青年期」（乾 2010）という状況、つまり「家族・学校・企業の三つのトライアングルに枠づけられながら、青年がスムーズに成人期へ移行していく」状況（藤田栄史 2014：90）があったため、高校進学による学習権・進路保障をめぐる権利論・制度論が中心となり学齢期以降の移行支援の発想に乏しい結果となった点、(2)家庭・学校の変容と教育基本法改正（2006年）などのため、家庭支援・学校支援的な側面が強調されてきた点、他方では(3)2000年代の子ども・若者支援の経緯の中で包括性が追求されつつも就労を中心とする自立観のもとでユニバーサルな側面への充実にはつながっていない点などがある。

　こうした中で、子ども・若者支援に関する研究の不十分さの克服に向け、支援の現場と連携した取り組みが進んでいる。日本において、"第三の領域"を位置づけ、個人の個別ニーズに応えるとともに、コミュニティの中で関係性を育てること、共感能力と柔軟性の重要性、そこに関わる支援従事者の専門性を考えることは、子ども・若者支援の共通言語化、「子ども・若者の成長支援」という価値の明確化、固有のノウハウ（実践知）の共有・継続、若者の権利としての位置づけの整理につながる。

　また、"第三の領域"としての子ども・若者支援における「社会教育的支援」を踏まえた活動は、現在の若者の状況とニーズに基づく需要型であり、自発性と関係性を大切に場づくりや環境づくりをするインフォーマル学習あるいはノンフォーマル学習と関連している。その意味でも、共に作っていく社会構成的アプローチならびにケイパビリティ・アプローチの一環であるといえる。

　第2部では、子ども・若者支援の関わりを言語化し、専門性を探究し、その重要性の社会的認知を広げるための取り組みを検討する。それは、専門性の欠損を克服することにもつながっている。

第2部

子ども・若者支援の基礎概念

―居場所、自尊感情、対話、自立―

5 自立について——自立の五側面

　子ども・若者の社会への移行を支援し自立を促す"第三の領域"に関わって、本章では、自立、とりわけその五側面を考えてみる。

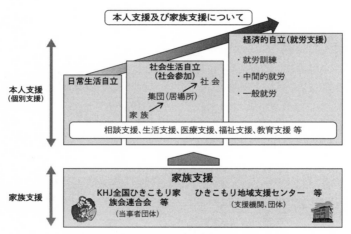

図5-1　本人支援及び家族支援について

　自立について、厚生労働省（2015）「社会的孤立に対する施策について～ひきこもり施策を中心に～」では、図5-1の通り、「日常生活自立」「社会生活自立（社会参加）」「経済的自立（就労支援）」と三区分し、本人支援として相談、生活、医療、福祉、教育などの側面からの支援を想定している。

　この三区分は、社会保障審議会福祉部会（2004）「生活保護制度の在り方に関する専門委員会」最終報告書の中で、三つの自立論（日常生活自立、社会生活自立、就労自立）として提唱[1]されたことに始まり、生活保護やひきこもり支援との関

1「ここで言う『自立支援』とは、社会福祉法の基本理念にある『利用者が心身共に健やかに育

係が深い生活困窮者自立支援法関連、障害者自立支援法関連でも見られる区分である。

　こうした三区分や各種の自立論に対して、自らも視覚障害者である慎英弘（2008；2013）は、障害者福祉の視点から、自己決定をベースにして、基本的自立(ア)〜(エ)と生活スタイルとしての自立(オ)〜(カ)に区分する（図5-2）。

　(ア)"身辺自立"、(イ)"経済的自立"、(ウ)"職業的自立"、(エ)"職業経済自立"、(オ)"自立生活"、(カ)"社会的自立"

　(ア)"身辺自立"は「日常生活動作（ADL）を、自分一人の力でできる状態になっていること」を指し、日常生活自立（図5-1）に対応す

図5-2　自立概念の構造図
（慎 2008：103；2013：94）

る。図5-1の「経済的自立」が三区分され、(イ)"経済的自立"は「年金生活であろうが生活保護を受給していようが貯蓄を取り崩して生活していようが、生活費の出所には関係なく生活するための金銭を確保でき、金銭管理が自分自身でできて」いる、すなわち金銭確保とその自己管理を指している。(ウ)"職業的自立"は、「職業に就いて得る収入では生活の維持ができないにしても、何等かの仕事に就いており」、仕事に取り組めている点を指している。(エ)"職業経済自立"は、「職業に就いてそこから得る収入によって生活が維持できて」いる、つまり就いている職業により生計維持が図られていることを指す。

　その上に、(オ)"自立生活"、つまり「家族とりわけ親からの扶養と介護から独立し、一人暮らしあるいは配偶者や子ども等と生活している状態」として主体的な生活スタイルがある。それと並行する(カ)"社会的自立"は、「障害者・健常者・高齢者等を問わず多くの人の最終的な目標になる生活スタイル」で「職業経済自立を達成し、且つ、社会的規範や道徳等の倫理を身につけており、その存在が一個の人格として周りの人々から認められている状態になっているこ

　成され、又はその有する能力に応じ自立した日常生活を営むことができるように支援するもの』を意味し、就労による経済的自立のための支援（就労自立支援）のみならず、それぞれの被保護者の能力やその抱える問題等に応じ、身体や精神の健康を回復・維持し、自分で自分の健康・生活管理を行うなど日常生活において自立した生活を送るための支援（日常生活自立支援）や、社会的なつながりを回復・維持するなど社会生活における自立の支援（社会生活自立支援）をも含むものである。」（社会保障審議会 2004：下線筆者）

と」を指している。

　以上の自立論は興味深いが、自立をやはり経済的側面を基本としようとしている点では共通する。また、社会生活自立は並列論を採るにせよ段階論を採るにせよ、人間生活の幅が狭いと思える。そこで、自立研究の変遷を踏まえつつ、社会的統合や包摂論とも関連づけて、自立の五側面を提案する。

　その際に位置づけたいのは、次の点である。

・自立には、いろいろな側面があり、経済的自立、社会的自立などという表現は一面的であり適切ではない。
・自立には、この後の議論で五側面を提案するが、段階論ではなく、その到達状況には個人差ならびに凸凹があるため並列論を採る。
・自立には、文化的側面があり、人や文化・自然との交流、対話、居場所などの位置づけがその人が生きる上での潜在的なモチベーションや活力となる。
・自立は、若者の社会への移行の課題として大きいものがあるが、高齢になっても課題になる。

1. 子ども・若者の自立に関する研究の変遷
　　―文化的・社会経済的影響と自立―

　子ども・若者の自立の理論的研究の変遷は、山田裕子・宮下一博（2007）によれば以下の通りである。

　⑴精神力動論的な研究：「自立を親子関係の発達的変化という視点から捉える見方」
　⑵認知論的研究：「目標や希望、価値を自己決定する過程に注目しており、青年の自立を自己決定能力の獲得という視点から捉えている」見方
　⑶折衷論的研究：「1980年代以降、精神力動論や認知論を統合する形で、青年の自立を、認知・情緒・行動の三つの要素を含む折衷主義的な観点で捉える見方」

　以上の経緯を経て、子ども・若者の自立は、「親や周囲との関係をうまく保ちながら、認知・情緒・行動というさまざまな領域で、親とは別の個人として自信を持って考え、行動し、その責任をとれるようになること」(p.9) と整理

している。この点は、柴野昌山（2009：186）が自立を、「自らの判断と責任において意志決定をし、自分なりの方法で選択的に行動することができるような人格的特性」としている点と通底している。

このように、自立は、親子関係や他者との関係性を有しつつ、「自己選択・自己決定を可能とする自律性（autonomy）」と「自らのニーズに見合った人生プランを遂行しうる、自己充足（self-sufficiency）としての自立（independence）」の二つの側面（天童2009：149）があるといえる。

しかし、近年の注目点は、次の点である（山田・宮下2007）。

(4)文化的、社会経済的影響に関する研究：個人の主要な文化的背景、経済
　　市場や国家制度が青年の自立形成に及ぼす影響

ここから、第一に自立の様相は文化的社会的背景によって異なる点、とりわけ第二に、1990年代半ばのバブル経済崩壊以降の経済的社会的変化の影響が青年の自立に与えた影響は否めないため、「青年の自立と適応との関連は、その時々の社会経済構造に影響されやすい問題」であり、「同じ文化圏に属していても、その国や社会、時代の状況により変化する」点などを考慮する必要性がある（山田・宮下2007：10）。

2.　子ども・若者の人間的一人前

上記の(4)と関連して、柴野昌山（2009：184）は、「若者の『自立の遅れ』をもたらした元凶」について、「近代化、産業化による学校教育期間の長期化と青年期のモラトリアム化、および大人への移行期の延長といった社会・文化的構造の問題」、「偏向した若者観」、「硬直した社会制度」を指摘する。以上の問題状況を打開する上で、今日、「社会への参入」や「メンバーとしての地位」に関する概念である「シティズンシップ」に注目が集まっており、その背景には、「無権利で境界人的な中間的未決の状態を是正し、市民権へのアクセスを拡大することによって若者の自立を促そうとする期待がある。」とする。

そして、「現代において期待される人間的一人前」は、発達的自立（身体・セクシュアリティの成熟）、経済的自立（親からの独立）、「ボランタリーな社会参加と公共的相互ネットワークへの参画を通して」市民的自立を獲得し、そのうえ

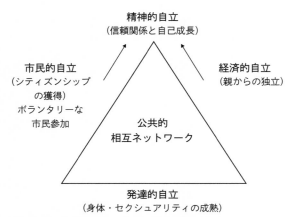

図5-3　人間的一人前のメカニズム（柴野 2009：185）

に立って精神的自立（人間的な自己成長能力）を身につけることだと整理している（図5-3参照）（柴野2009：185）。

　この自己成長は、柴野（2009：185-6）によれば、「成熟したパーソナリティに固有の資質であり、自己受容（ロジャーズ）、自己客観化（G.W.オルポート）、個性化（C.G.ユング）などの諸要素から成る『能力』」であり、「成長志向グループのなかではじめて形成され」、「能力である以上、特有の学習と方法によって獲得することはできる」。

　成長志向グループでの形成に関わって、柴野（2009：186）は、ユースワークは、「まさにグループ関係を成長志向へと発展させ、その過程においてメンバーのパーソナリティを自己成長へと方向づける適切な技法」だとしている。

　なお、ユースワークの支援の内容としては、次の三点が指摘されている（遠藤・水野 2006）。

①自分づくりへの支援（若者一人が育つための支援）
②仲間づくりへの支援（集団形成への支援）
③地域づくりへの支援（地域活動にかかわる支援）

3.　社会的包摂・統合の観点から

　ユースワークの視点を含めて、1980年代以降、欧州でのマイノリティや移

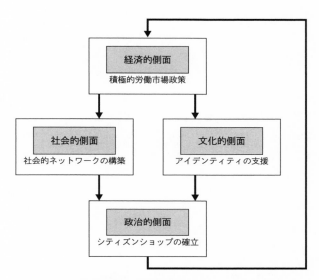

図5-4 社会的包摂の複層的メカニズム (樋口 2004：15)

民の人たちを社会や産業構造にどう社会的に包摂・統合をするのかが焦眉の課題となる。自立は、こうした点と関連づけて考察する必要性に迫られる。

　樋口明彦 (2004) は、社会的排除との関連で「社会的包摂 (social inclusion) の複層的メカニズム」(図5-4) を提起している。

　このメカニズムは、グローバリゼーションというトランスナショナルな構造変化により「リスクが複雑化した現代社会において、一面的な包摂が不平等すべての解消を必ずしも意味するわけではなく、常に多元的な包摂を考慮する必要が生まれつつある」ことに由来する。つまり、複雑化するリスク社会の中で、社会的な対応の側面を明確にし、多面的な支援を可能とする枠組みを検討しようとしている。

　「社会的包摂の複層的メカニズム」は、下記の四側面 (経済的、社会的、文化的、政治的側面) からの多元的な関与により「社会から排除されている人々を再び社会に取り込む」(p.15) ことを図る枠組みである。

(1)積極的労働市場政策とその内在的ジレンマ (経済的側面) …積極的労働市場政策

(2)地域コミュニティにおける社会的ネットワークの構築 (社会的側面) …社会

　　的ネットワークの構築
　(3)否定的アイデンティティからの脱却（文化的側面）…アイデンティティの支援
　(4)権利要求運動としてのシティズンシップ（政治的側面）…シティズンシップ
　　の確立

　他方、生田周二（1998）は、異文化間教育研究の観点から、異なる文化的背景を持つ若者の社会的統合支援のあり方をユースワークを中心に検討している。社会的統合支援は、「教育や職業の機会などを通じて社会の一構成員としてシステムへの編入を図るとともに、生活の場や学習の機会を通じて得られる相互理解・交流の促進による共同体意識の形成の過程」である。それをマトリクス化した社会的統合支援マトリクス（表5-1）は、システム支援レベル（反差別、能力開発による制度的編入と経済的統合）とメンタリティ支援レベル（脱スティグマ、ID確立のための文化的活動と社会的関係性の構築）の下記の四側面から取り組みを進め、マイノリティの自立支援とともにマジョリティの側での制度的・社会的・文化的変容も図る枠組みである（生田 1998：95-97）。

　1)「能力開発」：活動・主体性の幅を広げ社会進出を促進するための戦略。
　　進路・職業保障、カウンセリングなどによる情報・機会提供、学校・職業
　　訓練機関及びユースワーク、家庭との協力など。
　2)「ID（アイデンティティ）確立」：積極的な自己像の確立のための戦略。文
　　化創造やアイデンティティ形成へ向けての取り組み、余暇活動・自由時間
　　の保障による自由空間確保など。
　3)「脱スティグマ」：文化的・社会的活動を通じて、寛容と受容の促進、偏
　　見や不信の除去のための戦略。学校・地域・職場などでの研修・プログラ
　　ム、施設・団体などでの開かれた交流とグループ・サークル活動など。

表5-1　社会的統合支援マトリクス（生田 1998：95）

支援レベル	対象領域レベル		
	マジョリティ中心	マイノリティ	
システム	「反差別」 第4象限	「能力開発」 第1象限	格差是正
メンタリティ	第3象限 「脱スティグマ」	第2象限 「ID自立」	融合
	視点の転換、差異化 解放的側面	自立、エンパワメント 補償的側面	

4)「反差別」：制度化された差別をなくす取り組みの戦略。制度的構造改革・基準作り、プロジェクト・施設運営などにおける参加の促進など。

　社会的包摂（図5-4）と社会的統合（表5-1）をめぐる二つの整理は、次の対応関係にある：経済的側面≒第１象限「能力開発」、文化的側面≒第２象限「ID確立」、社会的側面≒第３象限「脱スティグマ」、政治的側面≒第４象限「反差別」。

　以上から、子ども・若者の自立や支援を考える際に、身体的な発達的側面を基盤としつつ、共通項として指摘できるのが、次の四点である。なお、この四点は、個の発達を自己理解から始まり、自己と他者との関係構築の対話的過程とするユネスコ（1997）の「学習の四つの柱」[2]、すなわち「知るための学習」「為すための学習」「共に生きるための学習」「人間として生きるための学習」と関連づけて考えることができる。

(1)経済的側面：自己の能力を開発し、社会における役割を果たし、生計を立てていく方向性を持つ……「知るための学習」、「為すための学習」と関連
(2)文化的側面：遊びを含めた文化的取り組みや居場所との関わりなどを通じて、肯定的な自己のアイデンティティ形成を図る……「人間として生きるための学習」と関連
(3)社会的側面：地域コミュニティにおいて社会的ネットワークを構築し、自他の関係性を育み、相互理解を図る……「共に生きるための学習」と関連
(4)政治的側面：社会参加や企画・運営などを通して、市民的な権利と役割を行使する……「為すための学習」「共に生きるための学習」と関連

こうした自立の側面を通して、人間としての精神的自立へと向っていき、社

2　学習の四つの柱（ユネスコ 1997）
　1) learning to know（知るための学習）…十分に幅の広い一般教養をもちながら、特定の課題については、深く学習する機会を得ながら「知ることを学ぶ」。
　2) learning to do（為すための学習）…職業的技能を獲得するだけではなく、より広く多様な状況に対処し、他者と共に活動する能力を獲得する。
　3) learning to live together（共に生きるための学習）…一つの目的のために共に働き、対立・葛藤に対処することを学びながら、多様性の価値と相互理解と平和の精神に基づき、他者を理解し、相互依存を大切にする。
　4) learning to be（人間として生きるための学習）…個人の人格をいっそう発達させ、自律性、判断力、責任感をもってことに当たることができるよう、教育は人の潜在的な力を軽視してはならない。

会的な包摂・統合が図られていくと考えられる。こうした点は、マズロー（A. H. Maslow、1908-1970）の自己実現へのプロセスを説明する「欲求の階層」理論（マズロー 1987；ゴーブル 1972）とも深く関わっている。「欲求の階層」理論は、次の段階からなる。

- ・「生理的欲求」：最低限の食物、睡眠、性、酸素、住宅など
- ・「安全の欲求」：恐怖や苦痛がないこと
- ・「所属と愛の欲求」：自分を受容してくれる家庭や仲間やグループがある、人を愛し愛される関係のあること
- ・「承認の欲求」：セルフ・エスティーム（自分を価値ある存在と思う心、かけがえのない自分を大切にしたいと思う心）と他者からの承認（名声・表彰・受容・注目・地位・評判・理解などの概念を含む）
- ・「自己実現の欲求」：自己の個性、能力、可能性を最大限に生かして社会的存在としての自己を実現していく欲求

　以上の階層は、第5節で詳述するが、「基本的ニーズ」（生理的欲求、安心・安全の欲求、所属と愛の欲求）と「成長への動機づけとしてのニーズ」（承認の欲求、自己実現の欲求）に区分することができる。

4. 子ども・若者の自立・統合（包摂）と支援の枠組み
―自立の五側面―

4.1 自立とは

　人間的一人前のメカニズム、社会的包摂の複層的メカニズムならびに社会的統合支援マトリクス等を踏まえ、自立は、基本的に自律性と自己充足の側面を持ちつつ、社会的な立脚点を築いていくことと関わっている。

　つまり、自立は、(1)「親や周囲との関係をうまく保ちながら、認知・情緒・行動というさまざまな領域で、親とは別の個人として」、(2)「自らの判断と責任において意志決定をし、自分なりの方法で選択的に行動することができるようになり」、(3)「社会への参入を図ること」と整理できる。

　この点は、日本社会教育学会研究プロジェクト「子ども・若者支援専門職の必要性と資質に関する研究」における定義「（養育者を中心としつつ、養育者に限らず）信頼できる他者との関係性を踏まえつつ、その関係を基盤として自己

4)「反差別」：制度化された差別をなくす取り組みの戦略。制度的構造改革・基準作り、プロジェクト・施設運営などにおける参加の促進など。

　社会的包摂（図5-4）と社会的統合（表5-1）をめぐる二つの整理は、次の対応関係にある：経済的側面≒第1象限「能力開発」、文化的側面≒第2象限「ID確立」、社会的側面≒第3象限「脱スティグマ」、政治的側面≒第4象限「反差別」。

　以上から、子ども・若者の自立や支援を考える際に、身体的な発達的側面を基盤としつつ、共通項として指摘できるのが、次の四点である。なお、この四点は、個の発達を自己理解から始まり、自己と他者との関係構築の対話的過程とするユネスコ（1997）の「学習の四つの柱」[2]、すなわち「知るための学習」「為すための学習」「共に生きるための学習」「人間として生きるための学習」と関連づけて考えることができる。

(1)経済的側面：自己の能力を開発し、社会における役割を果たし、生計を立てていく方向性を持つ……「知るための学習」、「為すための学習」と関連

(2)文化的側面：遊びを含めた文化的取り組みや居場所との関わりなどを通じて、肯定的な自己のアイデンティティ形成を図る……「人間として生きるための学習」と関連

(3)社会的側面：地域コミュニティにおいて社会的ネットワークを構築し、自他の関係性を育み、相互理解を図る……「共に生きるための学習」と関連

(4)政治的側面：社会参加や企画・運営などを通して、市民的な権利と役割を行使する……「為すための学習」「共に生きるための学習」と関連

　こうした自立の側面を通して、人間としての精神的自立へと向っていき、社

2　学習の四つの柱（ユネスコ 1997）

1) learning to know（知るための学習）…十分に幅の広い一般教養をもちながら、特定の課題については、深く学習する機会を得ながら「知ることを学ぶ」。

2) learning to do（為すための学習）…職業的技能を獲得するだけではなく、より広く多様な状況に対処し、他者と共に活動する能力を獲得する。

3) learning to live together（共に生きるための学習）…一つの目的のために共に働き、対立・葛藤に対処することを学びながら、多様性の価値と相互理解と平和の精神に基づき、他者を理解し、相互依存を大切にする。

4) learning to be（人間として生きるための学習）…個人の人格をいっそう発達させ、自律性、判断力、責任感をもってことに当たることができるよう、教育は人の潜在的な力を軽視してはならない。

会的な包摂・統合が図られていくと考えられる。こうした点は、マズロー（A. H. Maslow、1908-1970）の自己実現へのプロセスを説明する「欲求の階層」理論（マズロー 1987；ゴーブル 1972）とも深く関わっている。「欲求の階層」理論は、次の段階からなる。

- 「生理的欲求」：最低限の食物、睡眠、性、酸素、住宅など
- 「安全の欲求」：恐怖や苦痛がないこと
- 「所属と愛の欲求」：自分を受容してくれる家庭や仲間やグループがある、人を愛し愛される関係のあること
- 「承認の欲求」：セルフ・エスティーム（自分を価値ある存在と思う心、かけがえのない自分を大切にしたいと思う心）と他者からの承認（名声・表彰・受容・注目・地位・評判・理解などの概念を含む）
- 「自己実現の欲求」：自己の個性、能力、可能性を最大限に生かして社会的存在としての自己を実現していく欲求

　以上の階層は、第5節で詳述するが、「基本的ニーズ」（生理的欲求、安心・安全の欲求、所属と愛の欲求）と「成長への動機づけとしてのニーズ」（承認の欲求、自己実現の欲求）に区分することができる。

4. 子ども・若者の自立・統合（包摂）と支援の枠組み
―自立の五側面―

4.1　自立とは

　人間的一人前のメカニズム、社会的包摂の複層的メカニズムならびに社会的統合支援マトリクス等を踏まえ、自立は、基本的に自律性と自己充足の側面を持ちつつ、社会的な立脚点を築いていくことと関わっている。

　つまり、自立は、(1)「親や周囲との関係をうまく保ちながら、認知・情緒・行動というさまざまな領域で、親とは別の個人として」、(2)「自らの判断と責任において意志決定をし、自分なりの方法で選択的に行動することができるようになり」、(3)「社会への参入を図ること」と整理できる。

　この点は、日本社会教育学会研究プロジェクト「子ども・若者支援専門職の必要性と資質に関する研究」における定義「（養育者を中心としつつ、養育者に限らず）信頼できる他者との関係性を踏まえつつ、その関係を基盤として自己

の能力や世界観、主体性を獲得・拡張していくことで、自己決定能力を獲得していく（自己実現を果たしていく）こと」と通底している（生田・大山2017）。

また、別の表現をするならば、下記のように表すことができる。

①養育者を中心に家族や周囲の人々など、「信頼できる他者」との関係性を踏まえる……安心感

②自己の能力や世界観、主体性を獲得・拡張していく……自信・達成感

③自己決定能力を獲得し、自己実現を果たしていく……自由

つまり、養育者などとの関係（親を絶対視するのではなく、親以外の他者との関係性もある）において安心感を基盤にしつつ、そこを巣立っていく力を蓄え、自分の能力を発揮する場と機会を獲得する過程だといえる。

そこから、自立は、次の二つの軸を持っている。

・縦軸：システム（統合と参画）─メンタリティ（存在と帰属感）

・横軸：関係づくり─自分づくり

縦軸「システム─メンタリティ」は、自己の存在や帰属感を大切にしつつ、認知・情緒・行動のさまざまな領域での関与・参画を通じて、社会における自己の位置づけを図っていく方向性である。マズローの欲求階層説とも関連している。自己実現の軸ともいえる。

横軸「関係づくり─自分づくり」は、親や信頼できる他者との関係性を踏まえつつ、仲間づくりや社会づくりを含めた関係性の広がりや深まりが縦軸の社会システム内での定位と関連する方向性である。自己の相対化、自己・他者理解の軸である。

4.2 自立の五側面……子ども・若者の自立・統合（包摂）と支援の枠組み

以上の自立の定義ならびにその縦軸、横軸を踏まえ、発達的側面を基盤としつつ、柴野が指摘する精神的自立（人間的な自己成長）に至る「自立」過程とその支援の枠組みを「自立の五側面……子ども・若者の自立・統合（包摂）」（図5-5）[3] として提案する。その枠組みは、大きく五つの側面がある。なお、精神的自立は、それぞれの自立の側面を総合・包括し、自律（autonomy, self-control）と自己充足を一定程度満たしたものであるといえる。

---

3 参考：河崎智恵（2011：65）

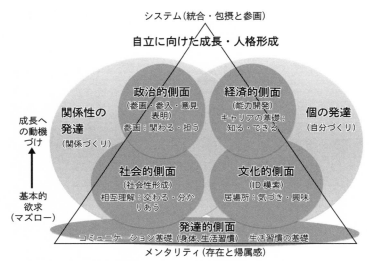

図5-5 自立の五側面…子ども・若者の自立・統合（包摂）

○**発達的側面（身体・生活習慣など）**
・衣食住など人間的な生活を送る上で必要となる生活習慣の基盤を形成しつつ、関係性の構築の上でコミュニケーションの基礎となる言語・身体表現などの習得に努める段階である。
・マズローの指摘する「生理的欲求」、「安全の欲求」を充足しつつ、「所属と愛の欲求」を満たす上で重要となる。

○**文化的側面……アイデンティティ（ID）模索（居場所：気づき・興味）**
・「所属と愛の欲求」の充足と関連し、主に個人の側での自己像の確立に向けた模索の段階である。
・遊びや余暇など自由空間・自由時間的な居場所、文化創造やアイデンティティ形成へ向けての機会の確保などがある。また、仲間づくりへの方向性を有する。

○**社会的側面……社会性形成（相互理解：交わる・分かりあう）**
・「所属と愛の欲求」や「承認の欲求」の充足と関連し、仲間づくりなど社会的諸活動を通じて、寛容と受容の促進、偏見や不信・対立への対応・対処を学ぶ段階である。
・様々な出会いや活動を通しての関係づくり、学校・施設・団体などでの多様な世代との開かれた交流と活動などが想定される。

○経済的側面……能力開発 (キャリアの基礎：知る・できる)
　・「承認の欲求」や「自己実現の欲求」の充足と関連し、キャリア形成の基
　　礎として、学校での学び、資格取得及び課外活動などにより、能力形成を
　　図り、社会参入を促進する段階である。自分づくりの側面を持ちつつ、集
　　団的側面、社会への関与の側面も強い。
　・系統的学習だけではなく、課題探究型のプロジェクトやテーマを設定した
　　活動なども重要となる。
○政治的側面……参画・参入・意見表明 (参画：関わる・担う)
　・「自己実現の欲求」の充足と関連し、自己の考えや意見を踏まえた自己決
　　定ができるようになり、企画や決定への関与、運営などに関わっていく段
　　階である。
　・学校や地域、職場におけるプロジェクト・取り組みなどにおける企画運営、
　　参画などの機会の活用や創出がある。
　以上、「自立」の五側面のうち、発達的側面を除く四側面は、ドイツの青少
年施設においてユースワーク (第2章参照) が展開している下記の機能と重なる
ものがある (生田・大串・吉岡 2011：68)。

　　(1)「他人と出会え、一緒に何かを体験できる可能性の提供」としての交流
　　　空間的機能……社会的側面と関連
　　(2)「文化活動など青少年文化特有の表現形態への寛容」としての居場所的・
　　　文化的機能……文化的側面と関連
　　(3)「プロジェクト活動などを中心に運営・企画参加の促進」としての参画
　　　的機能……政治的側面と関連
　　(4)「職業訓練の補完、カウンセリングなど (中略) を通じ、青少年の要求や
　　　関心に基づき、彼らの自立を促進する」能力開発的機能……経済的側面
　　　と関連

　子ども・若者支援を、この枠組みを使って整理 (図5-6) すると、ドイツの青
少年施設のようなユースワーク的な青少年育成的支援は、子ども・若者の思
い・関心・願いに寄り添いつつ、若者の主体的・自主的な行動を促し、共に関
わり企画し決定すること (共同決定・共同形成) に向けて、四つの自立の側面に
おいて展開している。
　他方、学習支援、居場所づくり、就労支援、食住環境の支援などを通じて、

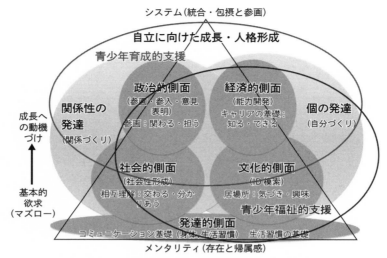

図5-6　子ども・若者の自立・統合（包摂）と支援の枠組み
―育成的支援と福祉的支援―

より困難を抱える若者をターゲットにソーシャルワーク的に支援する青少年福祉的支援は、発達的側面を含めて、自己の「存在と帰属感」を確かめ合いながら、自分づくりを仲間づくりと関わらせ文化的側面と社会的側面を支援し、経済的側面での自立を志向している。

4.3　自立の五側面への追記
……システム統合・参画、「社会への参画」への方途

　上記の五側面は、システム統合・参画、すなわちへ「社会への参画」に向けた自立の基礎を作るための枠組みである。その方途については、本章の始めで紹介した厚生労働省（2015）「社会的孤立に対する施策について〜ひきこもり施策を中心に〜」および「図5-2　自立概念の構造図」を参考に、「生計独立的側面」「職業参加的側面」「職業自活的側面」の三点が想定できる。

　・「生計独立的側面」：図5-2の「経済的自立」に相当し、「年金生活であろうが生活保護を受給していようが貯蓄を取り崩して生活していようが、生活費の出所には関係なく生活するための金銭を確保でき、金銭管理が自分自身でできて」いる状態。

・「職業参加的側面」：図5-2の「職業的自立」に対応し、「職業に就いて得る収入では生活の維持ができないにしても、何等かの仕事に就いており」、仕事に取り組めている状態。
・「職業自活的側面」：図5-2の「職業経済的自立」に対応し、「職業に就いてそこから得る収入によって生活が維持できて」いる、つまり就いている職業により生計維持が図られている状態。

　上記を整理すると図5-7に示すことができる。個々の若者の状況によって、どういった方向性をめざす支援を展開するのかを検討する上でのマップとなる。

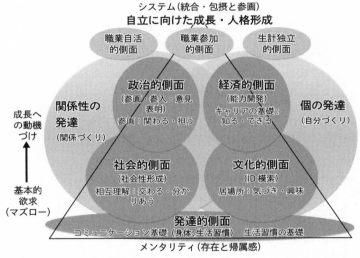

図5-7　自立の五側面への追記…子ども・若者の自立・統合（包摂）

5. 自立の五側面の活用─自立を考えるワーク─

5.1　絵本から考える

　教育・研修場面では、自立にはどういった側面があるのか、具体的に絵本『おおきくなるっていうことは』（中川ひろたか・文；村上康成・絵（1999）童心社）を使って考える教材を作成している。

『おおきくなるっていうことは』では、保育所の年長組の子どもに向けて園長先生が話している。

A．基本的ニーズ

「おおきくなるっていうことは　ようふくが　ちいさくなるってこと」から始まって、「おおきくなるっていうことは　ちいさなひとに　やさしくできるってこと」まで、次のような点が含まれている。

- ・身体的成長（服が小さくなる、歯がはえる）
- ・運動能力（顔を水に付ける、木に登る、木から飛び降りる）
- ・人間関係性（家族の存在と年齢、小さい人へのいたわり）
- ・判断力（泣かなくなる、飛び降りられるかどうか、食べ物とそうでない物の区別、シャンプー）
- ・遊び、興味・関心の広がり

これらは、マズローが「欲求の階層」理論で指摘する生理的欲求、安全の欲求、所属と愛の欲求に該当する欲求であり、学齢期前の年少期の「基本的ニーズ」と称することができる。親を始めとする身近な人たちに見守られながら、身体的な成長とともに自然や人と関わる中で関心が広がり、判断力が徐々に身につく段階である。これらは、次のように整理することができる。

発達的側面（身体・生活習慣など）	衣食住など人間的な生活を送る上で必要となる生活習慣などの基盤を形成する。また、身体的成長を促す。「生理的欲求」、「安全の欲求」を充足しつつ、「所属と愛の欲求」を満たす上で重要となる。
文化的側面（ID模索）	自分が「したいこと」「意義を感じること」「できること」を判断する上で、遊びや余暇など自由な空間・居場所が大切である。「所属と愛の欲求」の充足と関連している。……自己コントロール、自律、アイデンティティ
社会的側面（社会性形成）	様々な出会いや活動を通しての関係づくり、学校・施設・団体などでの多様な世代との開かれた交流と活動が想定される。「所属と愛の欲求」や「承認の欲求」の充足と関連している。……つながり

B．成長への動機づけとしてのニーズ

絵本は基本的ニーズを中心とする内容であるが、絵本後の世界では保育所を終え、小学校に入学し進級していく中で、承認へのニーズ、自己実現のニーズが大きな役割を果たす。これらは、「成長への動機づけとしてのニーズ」と称することができる。それは、次のようなものである。

- ・勉学する　　　　　・仕事をする　　　　　　　　　・役割を担う

・責任を果たす　・いろんな人たちと協力する　・主体的に物事に関わる
・家族やネットワークを形成する

これらは、次のように整理することができる。

経済的側面 （能力開発）	学習、職場体験、就労支援などを通じて、キャリアの基礎を形成する。「承認の欲求」や「自己実現の欲求」の充足と関連している。……知る、できる
政治的側面 （参画・参入 ・意見表明）	自分の考えや意見を踏まえた自己決定ができるようになり、企画や決定への関与、運営などに関わり、役割を果たしつつ他者と協力・協働して活動できる。「自己実現の欲求」の充足と関連している。……関わる、担う

5.2　自立の五側面

　私たちの研究では既述の通り、自立には五つの側面があり、自己実現に向けたシステムへの統合と参画を志向する縦軸と、自分を取り巻く自分づくり、関係づくりの横軸がある。

　上記Aの「基本的ニーズ」段階は、図5-8①の通り、発達・文化・社会の三つの側面が関係しており、Bの「成長への動機づけとしてのニーズ」段階では学校や"第三の領域"での活動を代表とするシステムへの関わりによる社会参

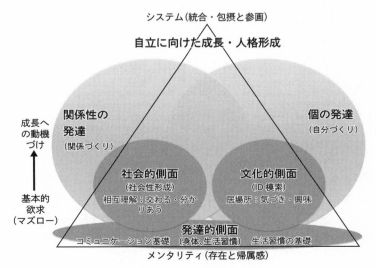

図5-8①　子ども・若者の自立モデル（A段階）

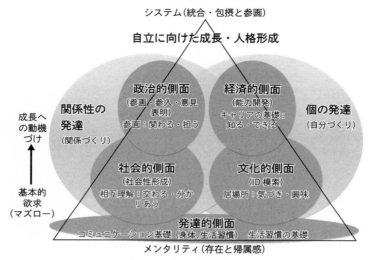

図5-8②　子ども・若者の自立モデル（B段階）

画への準備（経済的・政治的側面）が行われている（図5-8②）。

　そして、図5-7で示した通り、「社会への参画」ならびに自立の具体像として、「生計独立的側面」「職業参加的側面」「職業自活的側面」が想定できる。絵本を用いた「自立を考えるワーク」を踏まえ、ワークシート（「『自立の五側面』を参考に自分の体験・経験領域を整理しよう」）を使って、個々人の体験・経験領域の整理をねらいとした作業とグループワークを行っている。自らのこれまで、そして現在、これからの学びや経験を可視化し、意味づける上で効果があると考えている。

6.　まとめと今後の課題

　居場所、遊び・文化的活動の創出、コミュニティの創造を含めた「自立」のあり方に関わって、次の点を指摘できる。

　第一に、自立の定義は、自律性と自己充足の側面を持ち、「（養育者を中心としつつ、養育者に限らず）信頼できる他者との関係性を踏まえつつ、その関係を基盤として自己の能力や世界観、主体性を獲得・拡張していくことで、自己決定能力を獲得していく（自己実現を果たしていく）こと」である。

◎ワークシート：「自立の五側面」を参考に自分の体験・経験領域を整理しよう

　下記の空欄に、自分の取り組みや課題を整理してみましょう。それぞれどんなことに取り組んでいたり、課題があるかを考えるきっかけにして下さい（奈良教育大学・教養科目「キャリア形成と人権」などで活用）。

政治的側面（意見表明・役割獲得）
　団体、サークル、地域などの中で役割を担うことはしていますか。また、それらに参加して、いろんな人の考え・意見をまとめたり、企画・立案をした経験はありますか。

経済的側面（能力開発）
　将来の職業やキャリア形成のために、学びを深めたり、自分の能力や「できる」ことを広げ伸ばしていく取り組みをしていますか。

自分

文化的側面（自己理解・自己管理）
　自分が楽しいと思えること、自分の長所や個性をどのように思っていますか。また、自分が生き生きできるために、自分なりの時間と空間の確保などの工夫はどのようにしていますか。

社会的側面（人間関係・社会性形成）
　人と関わったり、社会的な関わりを広げる取り組みをしたり、多様な価値観や生活スタイルに触れたり、社会性をみがくために心がけていることはありますか。

発達的側面（身体・生活習慣など）
　自分のからだや生活において困っていること、課題と思えることは何ですか。また、健康で人間的な生活を送る上で日常生活でしていることや工夫はありますか。

　第二に、子ども・若者の自立や支援は、身体的な発達的側面を基盤としつつ、文化的、社会的、経済的、政治的な四つの側面を通して、人間としての精神的自立へと向かっていく。

　第三に、「自立の五側面……子ども・若者の自立・統合（包摂）と支援の枠組み」に関わって、次の点を指摘できる。

(1)この枠組みには、「システム（統合と参画）―メンタリティ（存在と帰属感）」、「関係づくり―自分づくり」の二つの軸がある。この二軸から、発達的側面を基盤としつつ精神的自立（自他の信頼関係と自己成長）に至る「自立」過程には、大きく五つの側面（発達的側面、文化的側面、社会的側面、経済的側面、政治的側面）がある。精神的自立は、それぞれの自立の側面を総合・包括したものである。

(2)ユースワーク的な青少年育成的支援は、子ども・若者の思い・関心・願いに寄り添いつつ、若者の主体的・自主的な行動を促し、共に関わり企画し決定すること（共同決定・共同形成）に向けて、四つの自立の側面において展開している。ユースソーシャルワーク的な青少年福祉的支援は、発達的側面を含めて、自己の「存在と帰属感」を確かめ合いながら、自分づくりを仲間づくりと関わらせ文化的側面と社会的側面を支援し、経済的側面での自立を志向している。

(3)システム統合・参画、「社会への参画」への方途の具体像の一端として、「生計独立的側面」「職業参加的側面」「職業自活的側面」を想定できる。

(4)とりわけ、文化的側面の重要がこれまでの自立論では見のがされてきた面がある。次章の居場所、アニマシオンとの関連でも重要な側面である。

　ところで、自立、人格形成をめぐって、「自信の三脚の椅子」の取り組みなどに見られるように自分自身の能力、承認、貢献の三本の脚で椅子である自分を支え位置づけること（生田2007：79-82）、つまり社会や環境との関わりの中で自分を確かめ、他者にも依存しながら可能性を探る大切さが指摘される。関連して、共同研究者でもある津富宏は、自立について「自重を支える多くの支点の獲得」だとして次のように叙述している[4]。

　　これまでの日本社会では、自立とは「支点がなくても生きられること」、すなわち、依存からの脱却、とりわけ、自らが育った家族に対する依存からの脱却を意味してきた。

　　それは、なぜだろうか。その理由は、工業化社会において、一定の雇用が確保されていた日本社会においては、自らが育った家族への依存から、男性の場合は企業への依存、女性の場合は（家族形成による）新たなパートナーへの依存が当たり前に手に入ると想定してきたからである。実はそれは「自立」ではなく、単なる依存先の変更である。

　　しかし、脱工業化社会となった今、企業への依存や新たなパートナーへの依存は、当たり前のようには手に入らない。移行期の先にある、次の依

<hr>

4　津富宏（2020）「Ⅱ-B-2　困難を抱える若者に対する自立までの継続的な支援」『子ども・若者支援専門職養成ガイドブック―共通基礎―』（sample版）（子ども・若者支援専門職養成研究所編）

存先が手に入らない時代となって初めて、「自立」が課題化されたのである。現在問われているのは、脱工業化社会における不安定な移行期を過ごす若者が、依存先を手に入れるという困難を、いかに、どのように乗り越えるかということである。（下線：筆者）

　第3章などでも指摘した「戦後日本型循環モデル」の破綻の中で、より一層自立がクローズアップされ、若者個々人の課題とされてきた点を指摘している。こうした点を踏まえて現在の自立志向を批判的に検討していくことが重要である。次章と次々章では、自立の五側面に関わって、居場所、自尊感情、対話という場の設定や関係づくりの視点・方法の基礎的概念について検討する。

6 居場所、アニマシオン、自尊感情

この章では、子ども・若者支援の基本的な枠組みであり、自立を支える要素として、居場所、アニマシオン、自尊感情について整理する。また、関連する対話については、次章で取り上げる。

1. 居場所

1980年代、90年代は居場所論が登場する時期でもあり、教育や福祉とは異なる文脈での子どもとの関わりを提案するアニマシオンへの着目の時期でもある。

1.1　居場所の主観的条件と客観的条件

田中治彦（2001）は、子ども・若者の変容と社会教育の流れを、1970年代の学校外教育の登場、1980年代の子どもたちの集団離れ、1990年代の集団指導施設から居場所空間の確保への移行ならびに学校教育の揺らぎと地域との新たな関係づくりの時期、2000年に入っての参画論、関係論への期待と整理している。田中（2001: 8）は、以上の変遷を踏まえ、「居場所は他者との関わりのなかで自分の位置と将来の方向性を確認できる場」と意味づけている。

住田正樹（2003）は、子どもの「居場所」の構成条件として、①主観的条件、ならびに②客観的条件【(1)関係性、(2)空間性】を指摘し、「居場所」は主観的に意味づけられた[関係性―空間性]という一体化された形で捉えられると述べている。

　①主観的条件とは、子ども自身が、自分の"居場所"としてその場所に、"安心できる"や"心が落ち着ける"などの意味を付与することができることである。

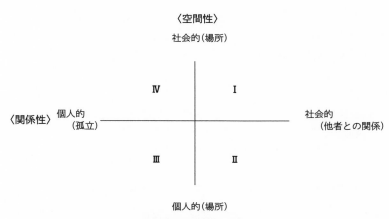

図6-1　居場所の類型（住田 2003：12）

②客観的条件(1)関係性については、自己の安定、安心または居心地の良さを
　左右するものは、他者による承認や評価、反応であり、それを通しての自
　己の再確認が必要だとする。子どもにとって、共感的な、同情的な理解や
　態度を示す他者との継続的で安定な関係が必要である。

③客観的条件(2)空間性は、安定的な他者との関係が形成されている一定の物
　理的な空間が必要だとする。

　以上から、居場所を「自己を受容し、肯定的に評価してくれるような安定的
な共感的関係と結びついている空間」だとし、図6-1「居場所の類型」を提示
している。各類型は次のような場や関係性である

　Ⅰ型：他者との共感的な関係性が安定的に形成されている社会的な場所

　Ⅱ型：他者との共感的な関係が私的空間において形成されている

　Ⅲ型：他者との関係性から切り離されて孤立した状態のままの私的空間

　Ⅳ型：他者との関係性から切り離され孤立しているが社会的な場所

　「居場所」はそれぞれのタイプで機能が異なるため、複数の「居場所」を持
つほどに子どもの自己概念は安定化する。

1.2　居場所の多様性

　具体的には、「居場所」は、1980年代には学校に行かない・行けない子ども
たちのフリースペースやフリースクールを指していた。90年代以降、物理的

な場としてだけではなく、学校の保健室機能を含め心理的な側面からも語られるようになる。阿比留久美（2012：39-42）は、こうした居場所の多様性を踏まえ、"「居場所」実践の六類型" として整理している。

①不登校の子ども・若者の「居場所」―フリースクール、フリースペース：東京シューレ、川崎市「フリースペースえん」など

②「居場所」としての学校：保健室など

③子ども・若者の地域：子ども会、子ども劇場おやこ劇場、冒険遊び場（プレイパーク）などの地域活動

④公的施設による地域：青少年センター、児童館など

⑤行政施策としての「居場所」：教育委員会の適応指導教室、社会福祉協議会など多様な団体と行政の連携による居場所づくりなど

⑥「居場所」の接続先としての就労先：若者就労支援団体の居場所、若者サポートステーションなど

　例えば、②の例として、近年増えている学校内居場所[1]を展開している大阪府立桜塚高校（定時制、豊中市）の居場所（うーぱー）は、一般社団法人キャリアブリッジにより運営されている[2]。「高校内居場所」の機能・役割として次の点

1　近年、概要として次のような展開が見られる（参照：居場所カフェ立ち上げプロジェクト著・編集2019）。
　・大阪府立西成高校「となりカフェ」（高校内居場所カフェのさきがけ）（2012年4月）……「一般社団法人officeドーナツトーク」が展開に関与。
　・大阪府立桜塚高校（定時制）：相談室うーぱー（2012年）……「一般社団法人キャリアブリッジ」（豊中市）により実施。
　・東京都都立学校「自立支援チーム」派遣事業（2013年度試行、2016年度実施）……不登校・中途退学等の課題への対応のために、ユースソーシャルワーカー（YSW）を都立高校に派遣し、学校内居場所・カフェ、学習支援などを展開。（第4章3.3参照）
　・大阪市立玉出中学校：SP（Special Place）、ゆるりん（2016年頃から）……SP：クラスに行きづらい子ども対応。ゆるりん：誰もが安心して過ごせる場所、多目的室を月曜と金曜の昼休みと放課後に開設。スタッフは地域団体所属2名。
　・「第1回神奈川・高校内居場所カフェサミット」開催（2018年6月）……神奈川県の9高校の活動を報告。
　・奈良市立二名中学校（2018年）「スマイリー登校事業」……二名中学校区地域教育協議会が中心となり、空き教室を活用して不登校生徒のための居場所スマイリーを設置。
2　○開設日：毎週火・木　17：30〜21：30、○場所：2階　作法室、○スタッフ：6人（キャリアブリッジ職員1名、非常勤5名〈週2：1名、週1：4名〉）（2017年度）

をあげている。

- 「そばにいる」「共に成長しあう一人の人間として関わる」ことによって「出したい自分を出せる場づくり」を目指す。
- 居場所利用者を通してスタッフと信頼関係を構築する中で、生徒の悩みや困りごとをキャッチ（課題早期発見フォローアップ事業の主旨に沿った、不登校率減少を目指す。主に1年生の学校定着を目指すものとする。徐々に居場所から教室へと促す）

③④に関連して、大阪府池田市でプレーパーク「ひと山まるごと」や水月児童文化センターなどを運営する北摂こども文化協会（川野 2019）は、子どもにとっての居場所機能として次の点を指摘している。

- 放課後の遊び場の一つとして（自由）
- スタッフとの交流を通じて（安心空間）
- 子どもによる子どものための自主活動を通じて（参画実践）
- あるがままを受け止める表現活動を通じて（関わり実践）

また、⑥に関わって、「フリースペースゆいえ」を運営する一般社団法人なら人材育成協会は、次のように居場所を意義づけている。

「フリースペースゆいえ」は、古民家を使った居場所です。ゆいえに来て、何かしないといけない・誰かとしゃべらないといけない、ということはありません。ただ居るだけでも良い場所です。

自分から何かしたい、という思いが出てきたら、それぞれの思いや目標、現状に合わせてしたいことを達成するために必要なサポートを行います。

就職、高卒認定試験、各種資格取得などの勉強のサポートや履歴書の添削などをすることができます。

また、みんなと一緒にご飯を作ったりゲームをしたりなど交流ができます。

不登校やひきこもりを経験したスタッフも居るので、来ている人それぞれの気持ちを大切に活動していきたいと考えています。

　こうした居場所の意味について、萩原（2001：63；参照 2012：29-31）は、次のように整理している。

> ・居場所は「自分」という存在感とともにある。
> ・居場所は自分と他者との相互承認という関わりにおいて生まれる。
> ・居場所は生きられた身体としての自分が、他者・事柄・物へと相互浸透的に伸び広がっていくことで生まれる。
> ・同時にそれは世界（他者・事柄・物）の中での自分のポジションの獲得であるとともに、人生の方向性を生む。

1.3　居場所の役割・機能

以上を整理すると、居場所の役割・機能は次の三点に集約できる。

①受容的空間としての「居場所」
　「安心とか安らぎとかくつろぎ、あるいは他者の受容とか承認という意味合いが付与されて、自分のありのままを受け入れてくれるところ、居心地の良いところ、心が落ち着けるところ、そこに居るとホッと安心していられるところ」（住田）
②関係性の中での「居場所」
　「自分と他者との相互承認」（萩原）
　「生きられた身体としての自分が、他者・事柄・物へと相互浸透的に伸び広がっていく」（萩原）
③社会的空間・創造的空間としての「居場所」
　「子ども・若者の自治を育み、活動に参加し、社会とのつながりを能動的に築いていく試行錯誤の可能な空間」（阿比留）
　「世界（他者・事柄・物）の中での自分のポジションの獲得であるとともに、人生の方向性を生む」（萩原）

　こうした三つの役割・機能の具体例として、奈良教育大学内の平屋の木造家屋「寧楽館」で毎週火曜日に不登校傾向の子どもたち向けに開設されている「居場所ねいらく」を紹介することができる。
　寧楽館には、トイレ・洗面所（男女別）とキッチン以外に三つのスペースが

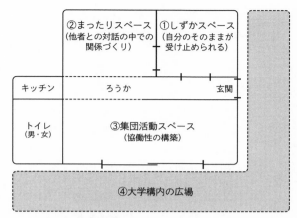

図6-2 奈良教育大学「居場所ねいらく」の"3つのスペース＋1"

あり、それをネーミングして下記の機能を持たせている点が特徴的である（櫻井・櫻井・生田 2020）。

①「しずかスペース」：静かな環境で、面談をしたり勉強などに利用。
②「まったりスペース」：カーペットを敷いて2～3人での会話や勉強、ゆっくり活動する場合に利用。
③「集団活動スペース」：がやがやと話をしたり、ゲームやイベントなど集団で過ごすために利用。

また、4番目のスペースとして、「大学校内の広場」がある。そこは、外遊びができるようになった子どもにとって、自分を知る他者がいないため安心して外で遊ぶことが出来る場となっている（図6-2）。
このスペースを通して、
自分のそのままが受け止められる感覚（しずかスペース）→
他者との対話の中での関係づくり（まったりスペース）→
協働性の構築（集団活動スペース〈＋大学構内の広場〉）
という展開がみられる。また、その時々の子どもの状況や活動の種類によってスペースを分け、子どもたちがストレスなくそれぞれの活動に集中できるように配慮することもできる。
これらを踏まえ、居場所の機能として次の点を指摘できる：①一人ひとりの

存在の受容、②関係性の構築、③可能性の展開。
　これらは、自尊感情ならびに自立とも関連する。

　「居場所ねいらく」においては、対話、遊びを中心とする文化的側面での自発的な活動の展開によって、子どもたちの心のエネルギーを貯めることを主眼としている（奈良教育大学次世代教員養成センター 2019：6-7）。その取り組みを通じて、2018年度及び2019年度前半期の在籍者（28名）の半数が学校への登校につながっている。とりわけ、中学生については男女とも60％を超えており、「その理由として、中学生は言語表現が小学生よりも発達しており、自身の意思を的確に表現したり、自らの課題やしんどさ、対応方法について客観的に分析したりすることが可能であり、大学生とより円滑にコミュニケーションが取れたからではないだろうかと考える」（櫻井・櫻井・生田 2020：235）。また、居場所での様々な活動を通じて自分の思いを言語化できるようになると、学校とは異なる別の選択肢を一緒に考えあうことも多い。

　こうした居場所の空間と関係性の持つ重要性、文化的活動の重要性は以下のアニマシオン、ならびに自尊感情とも関連する。
　また、居場所が今日においても非常に話題になるのは、日本において学校文化が支配的で、時間・空間・仲間がその空気の中で醸成されている状況の反映でもある。次節で増山均が指摘する「教育主義的発達」への別の選択肢の模索でもある。そのため、居場所は外国語に翻訳しにくい日本独特の用語である。

2.　アニマシオン

2.1　アニマシオンとは

　次に、子育て地域ネットワークの観点から、増山均（1997：204）は、「文化の獲得と創造により共に楽しみつつ生命存在を活性化させていくアニマシオンの概念」の重要性を説く。アニマシオン（animation）はラテン語のanima（アニマ）＝魂・生命を語源とし、「すべての人間がもって生まれたその命・魂を生き生きと躍動させること、あるいは動きなきものに生命をふき込み活性化させることを意味する」（増山 1997：203）。こうした観点から、子どもの育ちにおける遊

びや文化・芸術活動、余暇（気晴らし）の意義、「文化生活に関する権利」（世界人権宣言第27条、子どもの権利条約第31条）が重視される。

とりわけ、社会文化アニマシオンは、「1950年以降経済の高度成長に伴い、人間的生活を歪める危機的状態が生じたことに対して、人間本来の主体性と創造的な内的活力を活性化させる方法理念としてフランスに登場した」。この社会文化アニマシオンに携わる専門職「アニマトゥール」（animateur: 仏語）は、フランスにおいて1966年から専門職化の検討が行われ、1970年「社会・教育・スポーツ・文化の活性化にあたる専門職員」として正式に位置づけられた（参照：プジョル、ミニヨン2007）。

増山（1997: 197-198）は、大田堯が着眼した「子育て」概念を踏まえ、〈子育て〉の言葉が内包しているプロテクシオン、アニマシオン、エデュカシオンの三つの営みとその総合性・統一性を強調する（表6-1）。

表6-1　〈子育て〉の言葉に込められた総合的な営み

教育	労働と市民生活にむけて子どもの能力・技術・学力をていねいに育てていく。素質・可能性を豊かに発達させていく。	エデュカシオン
文化	子どもたち一人ひとりが、ありのままでその魂（精神）を自由にのびやかに輝かせながら，生き生きした生活を築きあげていく姿を、大人も子どもたちといっしょに楽しんでいく。	アニマシオン
福祉	子どもの命・身体・心をやさしく守る。愛護・保護しつつ育成する。	プロテクシオン

（増山 1997：197-198より作成。参照：川野2016）

アニマシオンの強調の背景には、保育所づくり、おやこ劇場、地域文庫などの取り組みに見られるように、70年代前後に高揚しそれ以降も連綿と展開されている父母住民による〈安心と協同の子育て〉の取り組みがある。それは、能力主義や管理主義によって歪められ「〈学校〉に枠づけられた〈教育〉」を中心とする〈不安と競争の子育て〉ではなく、「福祉・文化・教育の諸機能を総合的に含んだ多面的な子育て運動」の広がりによる〈安心と協同の子育て〉の展開である。

増山（1997：199）は、「今日の日本社会においては〈福祉〉と〈文化・芸術〉と〈教育〉の領域に分断されており、とりわけ行政や制度のレベルにおいては、子どもの〈福祉〉と〈文化・芸術〉と〈教育〉の分断は顕著である」ため、それが「日本の子育ての歪みと弱点」だとする。

とりわけ、「日本的特殊性」として指摘するのは、エデュカシオン分野の肥

大化による「教育主義的発想」が全体を支配している点、「魂（精神）をワクワクさせながら自由に想像し創造していくアニマシオン活動、文化・芸術活動の分野が貧弱で、子どもの成長・発達と子育てにとっての重要な意義が確認されていない」点などである。

2.2　居場所とアニマシオンの視点から

　以上、居場所とアニマシオンの動向について概観した。とりわけ居場所は日本独特の表現である。欧米では、ユースセンターや青少年団体活動、地域のスポーツ活動が広範に展開されていることが多く、居場所という表現は別の言葉で当然ながら説明される。

　ドイツの場合には、西ドイツにおける50年代末から60年代にかけて「青少年空間」（Jugendraum）を求め、青少年センターの拡充と管理運営への参画を求める運動があった。また、70年代後半以降は、移民などの文化的背景を持つ青少年が出入りしやすいロビー空間に見られるオープンドア（offene Tür）的な青少年のための空間の確保が課題となってきた。こうした空間や場の必要性が語られ実現していく背景には、日本との社会的・歴史的な背景の違いがある。戦前からの青年運動の歴史、教会系の青少年団体や労働組合の青年組織、スポーツクラブを含めた地域の青少年団体組織など、多様な公共的・協働的組織の存在があり、また学校が午前中で基本的に終わる点も大きく、学校文化が支配的ではない。また、ユース（ソーシャル）ワーク領域において青少年に伴走するワーカーも社会教育士を中心に教員数に匹敵するほど多く、その養成も約60の専門大学で行われている（生田・大串・吉岡 2011：3-11, 67-68）。

　日本においても、学校とは異なるオールタナティヴな居場所づくりの取り組みに見られるように、ユニバーサルな、誰もがアクセスできる文化・スポーツ・国際交流などをふくめ多様な領域で、青少年の自主的・主体的な活動の展開とその機会の保障、すなわちユースワークが若者の権利として求められている。しかし、現実は、日本ではターゲット的であり、経済的な自立観を中心とした、就労支援、学習支援が中心となっている。そのため、支援と被支援のタテの関係性になりがちである。こうした中、アニマシオンの考えは重要であり、居場所のあり方、支援のあり方などを検討する際の重要な視点となる。

3. 自尊感情 (self-esteem)

　self-esteem (セルフ・エスティーム) は、自尊感情あるいは自己肯定感などと訳されることもある。基本的にジェームズ (1892) 以来、社会的自己についての「自己評価の感情」として捉えられ、「自己像と理想自己の不一致についての個人の評価」(ローレンス2008)、つまり個人の「現実」と「可能性」との間の関係とされている。対自己、対他者との対話の中で育まれる自己価値に関する感覚である。

　自尊感情には、二つの側面がある。すなわち、「基本的自尊感情」と「社会的自尊感情」である (近藤 2013：14)。

　「基本的自尊感情」は、「自分が自分であっても脅かされることがない。安心して自分のままでいられる。自分が自分であることを受け容れ、許されているという感覚」(高垣忠一郎 1999)、つまり「ありのままの自分でいることができる」感覚を指す。これには次の二つの側面がある (森本 2008)。

◎自己受容感 (ありのまま感)
　　　良い面も悪い面も含めて<u>ありのままの自分を受け入れる感覚</u>。自分を取り巻く環境に対しての受容感や幸福を求める豊かな感性の基になる。

◎所属感 (受け入れられ感)
　　　<u>自分の存在を認めてくれる他者によって構成される帰属感覚</u>。他者からの信頼と他者への信頼の両者が組み合わされてより強固なものになる。

　「社会的自尊感情」は、「社会とのかかわりの中で特定の役割、価値観の達成を通して獲得される自己価値についての確信」(遠藤辰雄1981) で、「いろいろなことにチャレンジできる」感覚である。これにも次の二つの側面がある。

◎貢献感 (やった感)
　　　<u>他者の役に立った経験や他者からの肯定的な評価や言葉によって培われる感覚</u>。外界に働きかけ他者を幸福にできたという達成感が、自身の幸福感も高める。

◎可能性感 (できる感)
　　　自己決定を伴った過去の経験を基盤として<u>自分の可能性を信じる感覚</u>。

　　新しい物事に挑戦する意欲や困難に立ち向かう勇気の拠り所となる。

　　自尊感情のこれら四つの側面は、子ども・若者の場合、家庭のあり方、友だち関係、社会や人との関わり、学業の状況、自己認識と関連している（櫻井・櫻井2009）。

　　また、これら四つの感覚の醸成を通じて、自律あるいは内的なコントロール感覚を得ることにも通じる。自律あるいは内的なコントロール感覚は、自己に関するコントロール感覚[3]（「自己の性質や外的世界に関して自分が何か力をもっている、あるいは何かを引き起こす効果をもっているという感覚」〈デーモン 1990：295〉）を指し、「自立の五側面」の発達的側面や文化的側面、また社会的側面での働きかけを通じて醸成される。「居場所ねいらく」を例にすると、三つの空間での体験や自分なりの時間を過ごすことを経験する中で形成されてくると考えられる。

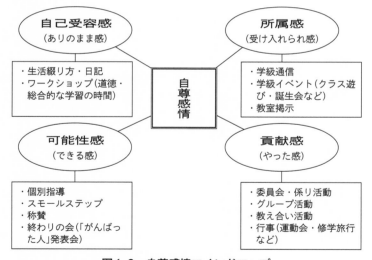

図6-3　自尊感情マインドマップ

森本千尋（2008）『子どもの自尊感情を育てる教育』2007年度奈良教育大学教育学部卒業論文……生田により一部修正

3　これに対して、外的コントロール感覚は、「人生の重要な結果は運命、あるいは他者の手中にある」という感覚で、自分の生活における出来事に対して、本質的に無力感を持っている。親や教師などからの「指示的」なスタイル（「こうしなさい！」）での教示に応えようとする態度などにみられる。（デーモン 1990：295）

　四つの側面からなる自尊感情の捉え方は、子ども・若者の存在を受け止め、それぞれの可能性と役割を認めつつ、適切な機会や場を提供したりして、成長発達、自立を支援することにつながる。たとえば、図6-3「自尊感情マインドマップ」(森本2008) は、学級活動を中心に子どもたち一人ひとりの状況を踏まえて、子どもの「めあて」「やる気」「根気」を育てていこうとする取り組みを整理してくれている。学校中心になっているが、各家庭や地域でも応用できそうである。

　マインドマップを基にしたクラスづくりは、居場所の空間性、関係性の客観的側面、ならびに一人ひとりにとっての主観的側面とも深く関わっている。

4. 三つの空間の重要性

　居場所の役割・機能として空間性、関係性、創造性の三点がある。それに関連して、「居場所ねいらく」の三つのスペース区分の重要性を紹介し、居場所の機能として、①一人ひとりの存在の受容、②関係性の構築、③可能性の展開、を示した。

　この三つの空間の重要性は、高齢者福祉でも語られている。「地域で暮らしてきた高齢者は施設に入ったとたんに、これまで自己判断のもとにおこなっていたさまざまな行為について、一方的に『規則』の遵守を求められ」、「施設における日常生活の中身は個別性を失い、貧しくなっていく」状況が生じることがある。これを疑問視する外山義 (2003：30, 40) は、「地域での生活との落差に苦しむ高齢者の状況に対して、施設環境を計画し形づくる側からどのような対応が可能であろうか」と問題設定し、次の手立てを提案する。

　　「その手立てのひとつは、個人がいきなり大きな施設全体 (この場合、物的のみならず人的・社会文化的環境をも含めた施設全体を指す) と向き合わされる構図を崩し、まず『個が守られる空間』、次に『数名の個で共有できる空間』、そして『小規模なグループのまとまりの単位』、さらに『施設全体』、といったように生活領域を段階的に組み立てなおすことである。」

　こうした提案は、「居場所ねいらく」の三つのスペース区分に「大学校内の広場」を入れた発想と通底している。居場所の三機能がまさに、外山が提案す

る四つの空間[4]と関連づけて考えることができ、それはまた一人ひとりの自尊
感情の保持ならびに自立的生活とも深く関連している。

・「個が守られる空間」…しずかスペース：①一人ひとりの存在の受容
・「数名の個で共有できる空間」…まったりスペース：②関係性の構築
・「小規模なグループのまとまりの単位」…集団活動スペース：③可能性の
　展開
・「施設全体」…「大学校内の広場」：③可能性の展開

　これらの指摘を自立に敷衍して考えるなら、居場所は"自律的な自立"への
ひとつの場となっている。

　次章では、対話との関連で居場所、アニマシオン、自尊感情を整理する。

4　外山（2003:49）は、「施設内の領域の定義」を下表で説明している。

プライベートゾーン	入居者個人の所有物を持ち込み管理する領域	入居者
セミ‐プライベート ゾーン	プライベートゾーンの外部にあって複数の利用者に より自発的に利用される領域	複数の入居者
セミ‐パブリック ゾーン	基本的に集団的かつ規律的行為がおこなわれる領域 （プログラム間の空白時間には個人の自発的行為も おこなわれる）	職員（寮母）
パブリックゾーン	内部居住者と外部社会の双方に開かれた施設内領域	職員（管理スタッフ） および地域住民

　外山は、「入居者が主導権を握れるこうした『中間領域（セミ‐プライベートゾーン）』が
生成されるための仕掛けを施設空間内に豊かに用意する―これが建築計画・設計時の重要
なテーマとなる。」と述べている。

【用語解説】サードプレイス（third place）

　サードプレイスとは、アメリカの社会学者オルデンバーグが生み出した用語で、第一の場所を家庭、第二の場所を職場としたうえで、それ以外のインフォーマルかつ公共的な空間のことを指す。人はサードプレイスにおいて職務や立場という社会的責任から解放され、快適に過ごすことができ、かつ他者との関わりを通じて社会的な交流を実現することができる。地域コミュニティにおけるサードプレイスの主な特徴として示されるのは、主に下記の点である（オルデンバーグ 2013：68-83）。

(1)中立の領域……「個人が自由に出入りでき、誰も接待役を引き受けずに済み、全員がくつろいで居心地よいと感じる」場所

(2)平等……「誰でも受け入れる場所」

(3)会話が主な活動

(4)利用しやすさと便宜

(5)インフォーマル……「活動は、たいてい無計画で、予定外で、組織のまとまりがなく、型にはまらない。」など

　つまり、サードプレイスは、第一に制度ではなく、地域のインフォーマルな交流の場・集まりである。第二に、関わるスタッフがいない。第三に、次のステップへの見通しがない点が特徴的である。地域のたまり場、居酒屋、パブ、サークルなどが該当する。

　これに対して、本書で追究しようとしている子ども・若者支援に関わる"第三の領域"は、第一に制度・仕組みであり、第二に支援者や同伴者などの存在が大きな意味をもち、第三に全体的な方向性として子ども・若者の自立に向けた対応としての位置づけを有している。

7　対話の意義と役割

　対話 dialog の語源は、ギリシア語の dia（〜を通して）と logos（言葉）である。つまり、言葉を通して人間同士がやりとりすることであり、対話の思想の中心には応答性がある。それは逆説的に言えば、「言葉にとって（ということは、つまり人間にとって）応答の欠如よりも恐ろしいものはない」（バフチン）（暉峻2017：122）。日常生活における単なる会話[1]とは異なる対話の意義について考えていく。

1. 対話がクローズアップされる社会的背景

　対話が重視されるに至る背景には、80年代から90年代にかけての、人権の存在原理と可能性原理に根ざす歴史的なうねりがある（生田2007）[2]。
　第一に1989年ベルリンの壁崩壊以降の、相対主義、構築主義への移行ともいえるパラダイムの転換がある。つまり、グローバル化の進展に伴い、多様性（diversity）が現実味を帯び、冷戦構造の中で支配的であった権威主義的な「こうあるべき」論が機能しなくなった。EUの成立などを受け、欧州評議会キャンペーン「みんな違い、みんな平等（all different, all equal）」（1995〜2007年）においても、一人ひとりの存在や可能性を聴き取ることが大切にされている（生田2008）。
　これは、応答する関係性の形成とも関連する。応答能力（the ability to re-

1　「とくに話題や目的があるわけではないが、好意的な雰囲気づくりを示す『おはようございます』『いい天気ですね』というような挨拶、あるいは、雰囲気を和やかにする雑談」。「無意味なようでいて、それでも人間社会の潤滑油として必要なもの」。（暉峻2017：88）
2　他方で、対話をめぐってバックラッシュともいえる動向、例えば、ヘイトスピーチ、多様性へのストレス・不寛容、ゼロトレランスの風潮（基本ルールの設定と罰則・制裁、分離、隔離）がある。

spond) は、他者と応答する自己の責任とその能力 (responsible) とも関連し、「責任」(responsibility) 主体の形成につながる。それはまた、他者への応答 (responsive) でもあり自己内対話でもある。つまり、民主的実践としての「責任」は、権利を持つ人として他者を認識し応答する能力と関連し、それに必要なスキルが求められる (Gollob et al. 2007；Huber / Harkavy 2007；参照：生田 2008)。責任は、個人の心構えに収斂されるのではなく、他者との応答とその能力形成、対話的関係性が大きく関わっている。

　日本では、1980年代半ば以降、偏差値志向の強まりや評価にさらされるストレス社会の中で、学校における不登校・いじめ問題の現出、また他方ではフリースクールの取り組みの登場、子どもの権利条約の参画論の影響もあり、集団的な「たまり場」から一人ひとりに向き合う対話的な「居場所」が大きなキーワードとなる (藤竹 2000)。日本政府の「子ども・若者ビジョン」(2010年) においても、「子ども・若者を社会を構成する重要な"主体"として尊重」、「"今"を生きる子ども・若者を支えるとともに、"将来"をよりよく生きるための成長も支援」することを強調している。

　第二の背景は、ユネスコ学習権宣言 (1985年)、子どもの権利条約 (1989年) に見られる子どもの意見表明と参画 (第12条)、応答関係の重要性の指摘である。学習権宣言では、学習権の基本を「読み書き」の権利であり、「問い続け、深く考える」「想像し、創造する」「自分自身の世界を読みとり、歴史をつづる」権利として位置づけ、「人々を、なりゆきまかせの客体から、自らの歴史をつくる主体にかえていくもの」としている。

　注目すべき点として、子どもの権利条約第12条では、子どもの「意見」の英語表記は「views」であり、「ある位置から見える景色や見方」を意味する。つまり、まとまった見解という「opinions」ではない。子どもの「views」に大人が向き合うことの重要性、すなわち応答関係の大切さが示唆されている。乳幼児が喃語によってお腹がすいたり、ぐずったりする表現や訴えかけとしての「views」に対応することが含まれる (参照：堀尾 2011、浅田 2017)。これは、対話により言語の獲得が促され、概念形成が進む過程と重なるものである (参照：第1章註6)。この点は、次節でも説明する。

　第三に、以上の流れとともに、学習論の転換がある。ユネスコ「学習の四つの柱」(1996年)[3]、PISA型コンピテンシー (知識蓄積型→活用型、相互作用型の知

---

3 知ることを学ぶ (learning to know)、為すことを学ぶ (learning to do)、共に生きることを学

識基盤社会論）は、重点の置き方は違っていても、他者との相互関係の重要性が指摘されている。また、人権学習の中でも、1990年代半ばから、参加型学習が提唱され、アクティブ・シティズンシップの形成に向けた実践が多く取り入れられる。

　関連して重要であるのが、パウロ・フレイレ（1982）の指摘である。民衆教育の展開において、銀行型（知識蓄積）ではなく、認識対象との対話、自己内対話、他の認識主体との対話、批判的な「意識化」などを通じての対話型、課題探究型の学習のあり方を提唱している。

　日本の文科省が提唱するアクティブ・ラーニング、「主体的・対話的で、深い学び」については、これらの関連性を踏まえた学習の展開が重要になるであろう。

　以上、一人ひとりに向き合おうとする多様性への対応の流れ、子どもの見方・声（views）に向き合う重要性、学習論の転換との関連で対話の背景を検討してきた。

2. 日本の青少年教育、子ども・若者支援における「対話」の位置づけ
―「共同学習」から居場所、エンパワメント志向へ―

　青少年教育や青少年への社会教育において、戦前の「社会の側から個人を統制し方向づける観点」である統制的・教化的な方向性への反省から、戦後、「国民の自己教育、相互教育」としての社会教育が提唱され、「個人の自主性、自発性に基づく自由な学習の展開を社会教育の本質とみる」自発性理論[4]が基本的精神となった（倉内 1983：180-182）。自発性理論の具体的な展開であり、実際生活に即した学習課題に向き合う学習論として、共同学習、生活記録学習、生い立ち学習などが提唱される。大串隆吉（2008：122）は、これらにおいて、「事実と事実との関連の発見、事実と自己との関わりを明らかにするために、対話がこれらの学習で大切な点であった」と述べている。

　ぶ（learning to live together）、人間として生きることを学ぶ（learning to be）（21世紀のための教育国際委員会報告書1997）

4　現実には「一方では個人の外部から課せられる諸要求と、他方では個人の内的欲求との調整を援助するところに社会教育の役割をみようとする」適応理論が支配的である（倉内 1983）。

　共同学習に連なる青少年の社会教育領域ならびに子ども・若者支援領域では、次のような歩みをたどり、対話の意義が高まっていく。

(a)1960年代の高度経済成長期から1970年代に至る「戦後日本型青年期」への対応の時期
　　日本青年団協議会により「共同学習」が提唱され、その特徴は、「戦後日本型青年期」（家族・学校・企業の三つのトライアングルに枠づけられ成人期へ移行していく青年期）の課題克服（歯車の一部としてではなく、自分で主体的・批判的・集団的に考え活動する）のための「たまり場」（「第三の『生活空間』」）の重視である（小川 1978：8）。集団的に仲間と学び合う、青年の自主的自発的で生産やくらしに直結した学習[5]、日常の具体的実践活動を「下から積み上げ高め」る学習が目指される（福本 1985：132-133；参照：矢口2011）。
(b)1970年前後から高校進学率の上昇、学校外教育の必要性を受け、勤労青少年の社会教育から「在学青少年の社会教育」に重点が移る時期
(c)80年代半ば以降、一人ひとりの自己決定やエンパワメントを志向する「居場所」が大きなキーワードとなる時期
　　学校における不登校・いじめ問題の現出、フリースクールの登場、また子どもの権利条約（1989年）の参画論の影響も受け、対話的で相互作用的な関係性や学習環境が注視されるに至る。
(d)2000年代に入り、子ども・若者支援の制度化の進展の時期
　　子ども・若者の社会的移行の困難と貧困などの深刻化、それに対応する"第三の領域"での対応、ならびに居場所と支援の必要性がますます高まる。

　この流れの中に、社会教育や支援のあり方を問う日本社会教育学会編（2017）『子ども・若者支援と社会教育』の刊行がある。とりわけ、不登校、ひきこもり、貧困など困難を抱える子ども・若者へのターゲット的な支援において、孤立や貧困化といった現代社会が深めてきた構造的な困難の側面も見据えた「社会教育的アプローチ」が問題提起される。それは、対話による「応答性に満ちた安全・安心な居場所の時間の中で受容され、承認され、そして他者へとつながっていくこと」による人間性の蘇生、すなわち「若者たち自身が生きづらい社会に対峙し乗り越えていく主体へと自己教育していくことを支援」することであ

5　1953年9月、日本青年団協議会「勤労青年教育特別対策委員会」第2回委員会

る（佐藤 2017：159-160）。

　「対話の流れ」として、〈出会いの場としての居場所での対話→グループでの対話→対話から新しい物語へ→社会との出会い直し〉が語られている[6]。居場所での関係性のつむぎ直し、そして自己実現と社会参画を模索する段階への移行において、対話が大きな役割を果たす。

3.　対話に関するアプローチ

　こうした支援領域での対話に関連して、ナラティヴ・アプローチ（マクナミー/ガーゲン 2014；野口 2002, 2005 など）、オープン・ダイアログ（斎藤2015など）、修復的司法（Restorative Justice）（ゼア 2006、山田 2016 など）、AI（Appreciative Inquiry：肯定的探究）（ホイットニー/トロステンブルーム2006など）等のアプローチがある。

3.1　ナラティヴ・アプローチ

　ナラティヴ（narrative）は、「具体的な出来事や経験を順序立てて物語ったもの」を基本的イメージとする。それを踏まえたナラティヴ・アプローチは、「ナラティヴ（語り、物語）という形式を手がかりにして何らかの現実に接近していく方法」（野口 2005：5, 8）であり、医療、福祉などの臨床現場でのアプローチの変遷のなかで位置づけられてきた。

　まず、パーソナリティシステムに着目した精神分析などを中心とした「診断治療モデル」である。それは、専門家と患者という縦あるいは上下の権力的な関係性である。次に、その関係性を止揚し家族関係やその他を含むシステムに着目した「支援モデル」（家族療法、フリースクール・居場所づくりなど）である。しかし、なお残る支援―被支援の関係性を克服するのが、言語、物語、対話、エンパワメントに着目した「協働（コラボレーション）モデル」としてのナラティヴ・アプローチである。これは、べてるの家（浦河べてるの家2002；伊藤・

6　関連する取り組みは、筆者が毎週火曜日に開いている居場所「ねいらく」である。「ねいらく」には、第6章1.3の通り三つの部屋があり、〈自分のそのままが受け止められる感覚（しずかスペース）→他者との対話の中での関係づくり（まったりスペース）→協働性の構築（集団活動スペース）〉という展開がみられる。

向谷地 2007) の実践や次に取り上げるオープン・ダイアログなどとも関連する。

　底流にあるのは、「ひとは物語によって生きる、あるいは、物語を生きる存在」、「語ること」、「物語ること」によって新たな意味が生まれ、共有され、変形されてゆくというクライエント主体の考えである。専門家としてのセラピストは観察者ではなく対等な一参加者である。セラピストの主要な任務は、「そうした『自由な語りの空間を創造すること』」であり、「家族を介入の対象と考えるのではなく、セラピストと家族を含むひとつのシステムの変化」を目指すことである (野口 2005：142)。こうしたクライエントを中心にした対等性のなかでの対話が特徴的であり、他のアプローチと通底する基本となっている。

3.2　オープン・ダイアログ

　オープン・ダイアログは、フィンランドを始めとする精神医療において提唱されている手法である。それは、多くの精神障害にとって「病的体験の言語化＝物語化」は何らかの治療的な意義を持つとされ、ナラティヴ・セラピーから大きな影響を受けている。先ほども指摘した診察室を中心として行われてきた「支援モデル」的な家族療法の手法的限界を乗り越えるために開発されたもので、次の特徴を持つ。

　○電話を受けたスタッフが責任者となり、即座にチームで会いに行く。

　○本人なしでは何も決めない。

　○対話の中で、患者の病的な発話のなかに潜んでいる、メンバー間で共有可能な発話を導き出す。

　○言葉を包帯として用いる。……これに対して、精神分析は言葉をメスとして用いる。

　○結論も合意も目指さない。……正しいか間違いか白黒はっきりさせるのではなく、すべての声が受け入れられ、傾聴とやりとりが促される。

　○患者や関係者の前で治療者グループの話し合いを展開する (リフレクティング)。……治療者たちを逆に観察する機会、自分についての話を聞く仕掛けとなる。

　これらをまとめると、「対話主義」(言葉をつむぎだし、語り得なかったものに声を与える)、「ポリフォニー」(ネットワークのなかの重要な他者の助けを借りる)、「不確実性への耐性」(結論を求めるのではなく、十分に時間をかけて人々を支える)である。これら三つによって、開かれた言語的実践が展開する。社会構成主義

の理念を反映した取り組みであるといえる（斎藤 2015：99）。

3.3　修復的司法

　修復的司法は、犯罪の加害者と被害者の双方の事件理解の促進と和解の方法論であり、日本では少年非行やいじめ問題への対応（山田 2016）においても注目されている。それは、従来の応報的司法（懲罰による苦痛が償いであり、犯罪予防であるとの観点）からのパラダイム転換である。つまり、従来の刑事手続きは国家対加害者の構図で進行するため、加害者への量刑が焦点となり、そのため被害者は結果的に「部外者」的扱いとなる。それに対して修復的司法は「事態の修復」のために、「被害者、加害者、およびコミュニティと関わりつつ、回復や和解を進め、自信を増進させる解決策を追い求める」特徴を持つ（ゼア 2006：184；参照、安藤 2014：69）。

　大津市立中学校におけるいじめに関する第三者委員会『調査報告書』（2013年214頁）では、その意義を次のように述べている。

　　「『修復的司法』とは応報的で対立的な司法制度に対し、終局の目的を当事者間の関係修復を目的とする新たな司法制度の考え方である。この考え方は、被害者側と加害者側の<u>対話</u>を通して被害者側の被害の回復を目指し、加害者側に自己の行為の意味を理解させ責任を取らせ、その上で、当事者間の関係のみならず、地域との関係修復をも目指すものである。日本では十分に浸透した考え方ではないが、子ども間のいじめの事案において、従来の司法的対応と並行して、関係修復的努力を継続的に行うことは、最終的には当事者の救済に結びつくのではないかと考える。」（下線：筆者）

　以上の三つのアプローチはいずれも、当事者が問題状況から疎外されている感覚を持ってしまうという課題（とりわけ診断治療モデル、応報的司法の場合）、つまり「専門分化した社会の中で、専門家にまかせ、自らが力をつける機会を失っていないかという普遍的な課題」（安藤 2014：67）に対応したものであり、当事者のエンパワメントを志向するパラダイム転換である。

3. 4　AI アプローチ (Appreciative Inquiry：肯定的探究)

　上記三つに対して、AI アプローチは、コミュニケーションのあり方を対話的な方向に変えることで企業や団体活動などの組織変革を促そうとする。社会構成主義の理論と実践に基づいており、組織の過去、現在、未来の最善の状態に焦点を当てた肯定的な問題設定を踏まえ、対話を促すプロセスとして4-Dサイクルがある。それは、発見 (Discovery)、夢 (Dream)、設計 (Design)、運命 (Destiny) のプロセスである。

　2017年12月奈良市立東市小学校で"学生・地域・学校でつくるこれからの学習支援「つながりが深める学び」"においてAIワークショップが実施された。全体テーマ「チームとしての実力を高められる組織運営に変えたい」に沿って、グループ毎のトピックとして「自分の意見を共有しやすい話し合いの環境」などが設定された。4-Dサイクルの順に「どんな課題がある」(発見)、「それが実現した時にどうなるか」(夢)、「その実現のためにできることは何か」(設計)、「具体的に何をやろうとするのか」(運命) を出し合い、ラベルを抽出する (そのワークで出てきた言葉は「同じ思い・同じ気持ち」、「進め方：リーダー・司会、場づくり」、「仲間」、「積極性」)。こうしたAIワークショップを定期的に行っている学習支援サークルでは、物事を複眼的に見ること、場づくりの大切さの意識化、チームやリーダーの役割の具体的な検討などにつながっている。AIアプローチは、組織の活性化のための肯定的な対話の位置づけといえる。

　以上を踏まえ、それでは対話とは何なんだろうか。

4. 対話とは何か

4. 1　対話の特徴

　対話は、学習や言語獲得において極めて重要な役割を果たしている。ヴィゴツキー (2001) が『思考と言語』において指摘するように、「人間の思考 (内的発話) は、まず幼児と両親の間で交わされる対話の相互作用の中から生まれる。(中略) 先ず対話があって、そこから自己の言葉 [内言] や思想がつくられる。」そのため、「コミュニケーションの過程でこそ、考えを検討し、確認する必要

が生じる」のである。

　対話は、つまり「人間と外部環境との相互作用」（デューイ）としての大切な経験であり、それを通じて、学習過程が展開し、言語の獲得、概念の形成、行動の変容などが実現する。その対話は、親などに理解され守られているという安心感、それからさらに、他者との関係において考えが異なっていても人間としての普遍的な共通する土台があることの理解へと通じている。そうした人間理解はまた人権理解と関係している。

　暉峻淑子（2017：88）は、「対話」とは「基本的に一対一の対等な人間関係の中で、相互性がある（一方向に上の人が下の人に向かって話すのではなく、双方から話を往復させる）個人的な話し合い」だとする。

　第3節での四つの対話のアプローチをも踏まえ、対話とは、関係性と応答性の存在する、言葉を媒介とするやりとりであり、次の特徴を持つ。

　　・基本的に一対一の対等な人間関係を踏まえている［人としての尊重］。
　　・双方から話を往復させ、応答のある共感的関係を基本とする［応答性］。
　　・性急に結論を求めることをせず、「不確実性への耐性」を持つ［寛容］。
　　・以上のやりとりを通して、内なる感情や思いを言葉にし、そのことを通して自らの感情や思いを自分で確認する［自己の存在・アイデンティティの再構築］。

4.2　対話の三つの位相

　対話のバリエーションを表す言葉として、「対話の三つの位相」を示すことができる。それは、「居場所と対話（安心感・関係性）」、「テーマと対話（知的関心、専門的知識との出会い）」、「コミュニティ構築と対話（地域性）」の三つである。

　「対話を生み出す場づくり―社会教育の新たなパラダイムを求めて」をテーマとする日本社会教育学会関西六月集会（2018年6月17日）では、「対話の位相」に関する次の三つの事例が取り上げられた。

○「居場所と対話（安心感・関係性）」……「生きづらさを抱えた青年と高校生との関係性の紡ぎ直し―麦の郷、創カフェとまなびの郷KOKO塾―」（森橋美穂：ハートフルハウス創〈和歌山県〉）

　KOKO塾は、和歌山大学の生涯学習研究プロジェクトの一環として2001年の試行開始から継続している「高・大・地域連携モデル」でもあり、学校づくりと地域づくりを統合させて、高校生も大人（学生、教員、地域住民、NPO職員、

自治体職員など）も共に学び成長発達していくことをめざしている。活動の一環に古民家を活用した「高校生カフェ」などの取り組みがある。不登校・ひきこもりなど生きづらさを抱えた青年の居場所となっている古民家での出会いと交流を通じて、新たな関係づくりが育まれている。そこでは、以下のことを理念としている。①家以外でゆっくりできる居場所［自己肯定感の再構築］、②やりたいことを実現する自治活動［新たな自分（可能性）との出会い］、③共同で働く場［多様な働き方の模索］、④地域と共に安心できる地域を創る［共同で仕事を創り出す、社会で生きる主体者になること］。

○「テーマと対話（知的関心、専門的知識との出会い）」……「サイエンスカフェは市民と科学者の対話を生み出すか」（片山実紀：サイエンスカフェ伊丹）

　サイエンスカフェは2006年科学技術週間の際に科学技術振興機構、文部科学省などが実施して以来広まってきており、2000年以降に各地で取り組まれている哲学カフェなどとともに、「一般市民と科学者・研究者をつなぎ、科学の社会的な理解を深める新しいコミュニケーションの手法」である（滝澤・室伏 2009：187）。サイエンスカフェ伊丹の場合、2008年から月1回土曜日に2時間開催されている。ミッションは「科学技術に関して幅広い市民の関心と理解を深めること」である。

○「コミュニティ構築と対話（地域性）」……「『おしゃべり会in公民館』は、公民館の内と外の対話を生み出すか」（佐野万里子：（公財）奈良市生涯学習財団）

　おしゃべり会in公民館は、奈良市生涯学習財団が指定管理者となっている奈良市内の公民館24館を地域にもっとよく知ってもらおうとする取り組みである（参照：佐野・泉森 2018）。2017年7月から始まったこの企画は、各館でテーマを設定し、市民と職員が一緒に話し合える場を設定し展開している。

　以上の取り組みを分析する枠組みとして、対話の関連領域を踏まえて検討してみよう。

4.3　対話の関連領域

　対話は、居場所、自尊感情（セルフ・エスティーム、自己肯定感）、さらには自立との関連において重要な柱を担っている。

(1)居場所は、第6章での指摘の通り1980年代半ば以降の重要なタームであるが、青年団などの集団的な活動の「たまり場」とは性格を異にし、一人ひとりに焦点を当てた機能を有している（参照：住田 2003、阿比留 2012）。具体的

には、⑴一人ひとりの存在の受容、⑵関係性の構築、⑶可能性の展開という
機能であり、とりわけ受容性が重視される（参照：萩原 2001）。これは、自尊
感情ならびに自立とも関連する。

⑵自尊感情は、第6章での指摘の通り、対自己、対他者との対話の中で育まれ
る自己価値に関する感覚、つまり「自己像と理想自己の不一致についての個
人の評価」（ローレンス 2008）である。自尊感情は、基本的自尊感情（「自分が
自分であっても脅かされることがない。安心して自分のままでいられる。自分が
自分であることを受け容れ、許されているという感覚」〈高垣 1999〉）、ならびに
社会的自尊感情（「社会とのかかわりの中で特定の役割、価値観の達成を通して獲
得される自己価値についての確信」〈遠藤 1981〉）に区分される（近藤 2013：14）。

　基本的自尊感情には、自己受容感、所属感があり、社会的自尊感情は可能
性感、貢献感から構成される。それぞれの四つの感情の要点を再掲すると以
下の通りである。

　　①自己受容感（ありのまま感）：良い面も悪い面も含めてありのままの自分
　　　を受け容れる感覚。

　　②所属感（受け容れられ感）：自分の存在を認めてくれる他者によって構成
　　　される帰属感覚。

　　③可能性感（できる感）：自己決定を伴った過去の経験を基盤として自分の
　　　可能性を信じる感覚。

　　④貢献感（やった感）：他者の役に立った経験や他者からの肯定的な評価や
　　　言葉によって培われる感覚。

　四つの感情からなる自尊感情の捉え方は、子ども・若者の存在を受け容れ、
それぞれの可能性と役割を認めつつ、適切な機会や場を提供したりして、成
長発達、自立を支援することにつながる。四つの感情の醸成の上で、対話の
持つ意味は大きい。つまり、第2節で紹介した「対話の流れ」〈出会いの場
としての居場所での対話→グループでの対話→対話から新しい物語へ→社会
との出会い直し〉と関連している。

⑶次に、自立は、第5章で検討した通り、養育者などとの関係において安心感
を基盤にしつつ、そこを巣立っていく力を蓄え、自分の能力を発揮する場と
機会を獲得する過程である。それは、マズローの欲求階層説を踏まえた「基
本的ニーズ」（生理的欲求、安全の欲求、所属と愛の欲求）に支えられながら、
次の展開として、より社会的な性格を帯び、自己の知的関心や能力を伸ばし
役割獲得につながる「成長と動機づけとしてのニーズ」（承認の欲求、自己実

表7-1　居場所、自尊感情（セルフ・エスティーム）、対話の流れ、自立の側面の相関

居場所の役割	自尊感情	対話の流れ	自立の側面
一人ひとりの存在の受容	自己受容感（ありのまま感）	出会いの場としての居場所での対話	基本的ニーズの尊重
関係性の構築	所属感（受け容れられ感）	グループでの対話	成長への動機づけとしてのニーズの尊重
可能性の展開	可能性感（できる感）貢献感（やった感）	対話から新しい物語へ社会との出会い直し	

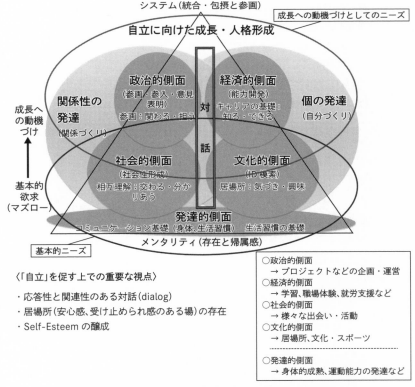

図7-1　子ども・若者の「自立の5側面」と対話

現の欲求）と関連している。

　居場所の役割も含めて、その関係性を示すのが、表7-1「居場所、自尊感情（セルフ・エスティーム）、対話の流れ、自立の側面の相関」である。

　また、図7-1は、自立の五側面の枠組みと対話との関連図である。縦軸として個人の基礎的帰属（家庭や居場所など）から自己実現に向けたシステムへの統合・参画を志向する軸、横軸として自己形成と他者との関係構築の軸である。基本的なニーズの充足の側面として、発達・文化・社会の三つの側面があり、自己実現に向けて学校などの社会システムへの関わりによる社会参画への準備（経済的・政治的側面）が行われる。第3節での指摘を踏まえ、図7-1の中心、すなわち人間の発達・自己実現の中心には「対話」が位置づく。

　ここから表7-1とも関連づけて、「自立」において重要な視点は、「応答性と関係性のある対話」を中心軸とし、安心感や受け容れられ感のある場としての「居場所の存在」、そうした基礎的ニーズの充足の上に自己の能力の可能性感や貢献感につながる「自尊感情の醸成」である。

4.4　対話の位相と居場所、自尊感情（セルフ・エスティーム）、対話の流れ、自立の側面の相関

　日本社会教育学会関西六月集会での「対話の三つの位相」について表7-1との関係で説明するならば、次のように表すことができる。

○「居場所と対話（安心感・関係性）」に関連する森橋（ハートフルハウス創）報告では、KOKO塾の居場所での取り組みが、表7-1の「一人ひとりの存在の受容」「関係性の構築」、さらに「可能性の展開」につながっていくことが期待されている。

○「テーマと対話（知的関心、専門的知識との出会い）」に関連する片山（サイエンスカフェ伊丹）報告は、テーマを中心とする参加者間の「関係性の構築」や「可能性の展開」への志向性が窺える。

○「コミュニティ構築と対話（地域性）」に関する佐野（（公財）奈良市生涯学習財団）報告は、地域の共有財産である公民館を、「関係性の構築」と「可能性の展開」を見据え、地域の学習や文化活動に根ざした意見交換と交流の場にしていくことが期待されている。

　なお、図7-1との関連で、「居場所と対話（安心感・関係性）」に関連する森橋報告のKOKO塾の取り組みは、居場所的空間の保障を踏まえ、自立の文化的側面と社会的側面を中心として受容と関係性を重視した特徴を有している。

　対話の位相に見るように、そしてとりわけ子ども・若者支援において、対話は居場所論、学習論、セルフ・エスティーム論、自立・人格形成論、専門職論

とも関連しつつ、教育・学習のパラダイムを考える重要な視点である。

5. まとめ

　日本の子ども・若者支援の取り組みにおいて、居場所、その中での対話的関係性、相互性に関心が寄せられている。また、対話には、専門家の権威・役割に依拠したアプローチから当事者とそのコミュニティのエンパワメントを志向するアプローチへの転換、ならびに組織の活性化のための肯定的な対話の位置づけのアプローチがある。それらの背景には、一人ひとりの多様性や声に向き合おうとするパラダイムの転換ともいえる状況の出現がある。その中で、対話は、居場所はもとより自尊感情、自立と関連づけて考えることができる。

　以上を踏まえて、子ども・若者支援における対話について、三つの側面から考えることができる。

　第一に、対話を踏まえた居場所・空間づくりなど関係性の側面である。そこでは、個を見据えつつ関係性をつむぎ育てるアプローチ（受容、同伴、助言など）、ならびに他者との関係性や専門的な関係職員の関わりの中での対話と省察のある場（居場所）づくりなどが課題となる。居場所や支援の取り組みの現場では、この側面が中心になる。

　第二に、テーマ性のある課題探究的側面である。参加者の自発性に基づく、自由で、「生活の創造」を含めた広い視野での学習の展開、対話を成立させる上での工夫やしかけの創造など、相互作用のある学習過程が検討課題となる。セミナーや講座の開催などにおいて展開される対話がこの側面の展開例である。

　第三に、組織活動や地域活動等のあり方を問いかける構造的側面である。AIアプローチなども活用し、組織や地域の課題設定に関する対話的な話し合いの仕組みなどが検討課題となる。この側面は、子ども・若者支援に携わる職員などが、それぞれのテーマを持ち寄って、事例に即したりしながら活動のあり方を検討する際に展開する。

　以上の対話の側面や位置づけ、職員等の専門性について、今後さらなる追究を要する。

第 3 部

子ども・若者支援の専門性

8 子ども・若者支援領域の言語化を めざして──専門性の欠損への対抗

　子ども・若者支援の枠組みを検討する際に、支援者の専門性や養成・研修の あり方については看過されがちである。

　一例として、日本学術会議（2017）「提言　若者支援政策の拡充に向けて」に おけるとりまとめでは、若者支援政策を検討する上で、⑴セーフティネット、 ⑵教育・人材育成、⑶雇用・労働、⑷ジェンダー、⑸地域・地方という五つの 軸を設定し、第2章で「若者支援に係る諸政策の現状と問題点」の整理、第3 章で提言を行っている。提言は、内容が一般的で具体性が乏しいという問題点 とともに、本論で論点としている専門職など支援者の位置づけがないという問 題点が指摘できる。

　本章では、そういう状況の中で専門性がどう位置づけられてきたのかを明ら かにしたい。

1. 青少年に関わる専門職養成の歴史の概要

1.1　青少年に関わる専門職養成の歴史の概要⑴

　青少年教育関係について、上野景三（2014）は歴史的経緯を踏まえ次のよう に述べている。「社会教育・青少年教育関係専門職全般についていえば、従来 より教職が基礎資格とされてきたため社会教育専門職としての資格は未成熟の まま、経験や資質は問われるがそれが専門性や資格化に発展するに至らず、養 成の中身は団体活動への指導・助言に重きを置いた指導者・リーダー養成が中 心であった」。例えば、1962年には中央青少年問題協議会が、青少年指導に関 する専門職は社会教育主事などがその職務にあたるよう意見具申したが、社会 教育主事を養成する主事講習は「社会教育職員を対象とする再教育」であるた

め「便宜的養成」であり「体系的な指導者養成プログラム」にはなっていない
点が問題視されてきた（近藤・高塚・田中1978）。また社会教育主事講習を便宜
的に活用するにしても、青少年をキーワードに挙げた科目は、社会教育特講の
「青少年問題と社会教育」にしか見当たらず（「社会教育主事講習等規定」2009年4
月30日改正）、青少年問題の用語が示すとおり、社会問題として青少年を捉え
ており、非行対策（健全育成）の視点からの青少年理解になってしまいかねな
い。しかも本科目は必修ではないという制約もある。さらに、上野（2017：37）
は、次のように述べている。

　　「社会教育・青少年教育関係関連の施設・職員は、縮小・再編の中にある
　　一方で、地域社会では困難を抱える子ども・若者への対応が求められ、子
　　ども・若者支援行政の役割が相対的に大きくなってきている。この枠組み
　　の中で職員の専門性を考えていかなければならない。」

　新しい動向として、社会教育主事講習等規程の一部を改正する省令（2018年
2月28日公布、2020年4月1日施行）に伴い、生涯学習支援論と社会教育経営論が
社会教育計画に代わって新たに導入された。とりわけ生涯学習支援論は、「学
習者の多様な特性に応じた学習支援に関する知識及び技能の習得を図る」こと
を目的に、「学習支援に関する教育理論」、「効果的な学習支援方法」、「学習プ
ログラムの編成」、「参加型学習の実際とファシリテーション技法等」を内容と
している。この中に、子ども・若者支援的側面を入れ込むことは可能である。
また、大学の主事養成課程で行われる社会教育特講の一科目として例示されて
いる「青少年健全育成と社会教育」を想定することも可能である。しかし、内
容的に野外活動や団体活動、学習支援に偏重する傾向があり、福祉的側面での
学習・研修に弱さがある。
　また、青少年活動施設、学童保育・放課後児童の居場所活動、子どもの芸術
表現活動、プレイパーク・野外活動、以上の領域を横断する支援者のあり方を
説くとともに、地域における子どもたちの活動・文化・集団づくりを育てると
りくみを調査研究し、「体系的な学習プログラム」も提案した研究としては、
増山の研究（1986）が示唆的である。しかし、このプログラムが現場レベルで
どのように生かされてきたのかは明確でない。
　他方、子ども・若者支援関連領域のうち国の管轄下で必置とされているの
は、厚労省令により2015年度から施行されている学童保育の「放課後児童支

援員」[1] である（関西こども文化協会2015）。「しかしこの研修・資格も厚労省が定める時数の『放課後児童クラブ研修』を履修すれば必然的に資格付与される仕組みになっている点、学童保育士協会や学童保育学会による実践・研究が十分に反映されていない点など、専門性の担保に検討の余地がある。」とされている（川野・松田・南出2016）。

　他方、子ども・若者支援に関連する資格や研修としては、ターゲット的な「ユースアドバイザー」（参考資料1）、ユニバーサルな「こどもパートナー・こどもサポーター・こども支援士」（参考資料2）がある。これらは、先行する養成・研修プログラムと同様に、子ども・若者支援専門職の全体像と枠組みを示すものとはなっていない。

　こうした中、ユースワークの領域では、先駆的に支援者の養成・研修講座を展開し、さらに今日発展させている動きがある。

1　放課後支援員は、放課後児童健全育成事業（放課後児童クラブ）に従事する者で、「児童健全育成事業の設備及び運営に関する基準」（2014年厚生労働省令第63号）第10条に規定されている。支援員の研修は、16科目24時間（90分×16科目）で構成されている。16科目は下記の通り大きく6分類されている。
1.　放課後児童健全育成事業（放課後児童クラブ）の理解【4.5時間】
　　1－①放課後児童健全育成事業の目的及び制度内容
　　1－②放課後児童健全育成事業の一般原則と権利擁護
　　1－③子ども家庭福祉施策と放課後児童クラブ
2.　子どもを理解するための基礎知識【6時間】
　　2－④子どもの発達理解
　　2－⑤児童期（6歳〜12歳）の生活と発達
　　2－⑥障害のある子どもの理解
　　2－⑦特に配慮を必要とする子どもの理解
3.　放課後児童クラブにおける子どもの育成支援【4.5時間】
　　3－⑧放課後児童クラブに通う子どもの育成支援
　　3－⑨子どもの遊びの理解と支援
　　3－⑩障害のある子どもの育成支援
4.　放課後児童クラブにおける保護者・学校・地域との連携・協力【3時間】
　　4－⑪保護者との連携・協力と相談支援
　　4－⑫学校・地域との連携
5.　放課後児童クラブにおける安全・安心への対応【3時間】
　　5－⑬子どもの生活面における対応
　　5－⑭安全対策・緊急時対応
6.　放課後児童支援員として求められる役割・機能【3時間】
　　6－⑮放課後児童支援員の仕事内容
　　6－⑯放課後児童クラブの運営管理と運営主体の法令の遵守

1.2　青少年に関わる専門職養成の歴史の概要⑵

　先行研究として水野篤夫・遠藤保子（2007）、宮崎隆志（2008）、水野篤夫（2009）によれば、青少年の専門的指導者養成の流れは次のように整理されている。

⑴労働省：勤労青少年指導者大学講座（1976～98年）……先駆的な専門指導者養成コース

⑵大阪府青少年活動財団：青少年活動指導者研修・研究コース（1986～2000年）

⑶東京都：「青少年指導者（ユースワーカー）養成講座」（2000年）

⑷愛知県県民生活部社会活動推進課：「ユースワーカー養成講座」（2001～2003年、2006～2009年頃）

⑸大阪府青少年活動財団：「ユースワーカー養成講座」（2001～2017年）……2018年度からは青少年活動リーダー（ユースリーダー）育成事業として展開

⑹立命館大学：ユースワーカー養成プログラム（2006年から）……京都市ユースサービス協会との協同による大学院レベルのコース[2]

⑺北海道大学大学院教育学研究院・さっぽろ青少年女性活動協会：「ユースワーカーリーダー研修コース」（2007年）

　水野・遠藤（2007: 96）は、これらの養成・研修をレベル別に「専門職養成」、「支援職員のレベルアップ」、「ボランティア養成」の三層構造として図8-1の通り表している[3]。それに応じて、宮崎（2008）もボランティアレベル（愛知「ユース

2　立命館大学応用人間科学研究科の院生を対象とするプログラムで、下記の科目で構成されている。

	テーマ	単位	
1	青少年とその背景の理解（ユースワーク概論）	2	前期（隔週土曜午後）
2	対人関係の理解と支援（援助・制度領域）	4	既存開講授業から充当
3	対人関係の理解と支援（心理・医学領域）	4	既存開講授業から充当
4	演習	2	後期（隔週土曜午後）
5	実習	2	インターンシップ（90時間）

3　水野は、研修で次の通り例示している（第15期ユースワーカー養成講習会〈2016年3月〉資料より）。

　　◎ボランティア・ワーカーの役割（YW-V）：○若者の近くにいて様々な活動機会を提供する（ハイキング、キャンプ、クリスマス会）、○若者の近くにいる教師、親と別の「意味ある他者」となる（親と教師とも違う大人）、○ピアサポーターとしてのワーカー（近い年代・共通の経験を持った存在）

　　◎関連した「職場」で働くワーカー（YW-CO）：○教師・行政職員・司法や警察のスタッフ、

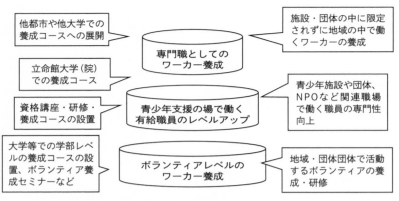

図8-1　養成・研修の三層構造（水野・遠藤 2007：96）

ワーカー講座」）、パートタイムレベル（愛知・大阪「ユースワーカー講座」、[立命館大学]）、フルタイムレベル（勤労青少年指導者大学講座、大阪「SV養成講座」、立命館大学）と分類している。

　また、宮﨑（2008：30-31）は、養成講座・研修等の内容と方法の観点から養成講座・研修の整理を行い（表8-1）、専門的力量の階層的構造を示した。

①対人関係論や対人援助論、および青少年問題論……すべてのレベルに共通する基軸的内容

②グループワークやコミュニティワーク……ボランティア・パートタイムレベルの位置づけ

　技法として定型化される内容……フルタイムレベルのコースでは重視されない

③自主研修や実習、実践についての分析能力の向上……フルタイムレベルで重視

以上のように、養成・研修のレベル別の目的や内容・方法の分析があるもの

　○福祉職・養護施設職員、○大学職員・公民館職員・学芸員・図書館職員、○NPOスタッフなど民間活動団体のスタッフ……☆機関や団体、施設が若者の自立に向けた動きができるよう支える、☆ボランティアワーカーや地域の育成、支援の営みに場を開く
◎プロフェッショナルなワーカーの役割（YW-Pro）：○困難さをもった若者への支援プログラムを開発し運営する、○若者の支援に関わる様々な営みや資源をコーディネート（媒介）する、○ワーカーやスタッフ、ボランティアを育てる、○社会システムに働きかける＝生きやすい社会づくり！

表8-1 養成講座・研修等の整理 (宮﨑 2008：30-31)

	愛知Y	大阪Y	大阪SV	立命	大学講座
青少年問題・青少年理解	○	○		○	○
対人関係論・カウンセリング・援助技術	○	○	○	○	○
団体活動論・グループワーク	○				○
地域活動論・コミュニティーワーク	○	○			○
コーディネイト・ネットワーク論	○				○
安全教育		○			
労働問題・職業適応					○
マネージメント論					○
自主研修・実習			○	○	○

の、専門性の内実に迫る研究は進んでいるとはいえなかった。また、これらの先駆的な養成・研修の試みも一過性で終わったり、全国的な展開を見せるには至っていない。

そのため、水野 (2009：158) は「そうした取り組みがありながら必ずしも『ユースワーカー』という名称とその役割についての社会的な認知は拡がっていません」と総括し、その理由として下記の点を指摘する (下線：筆者)。

①養成されたユースワーカーが、社会的な課題の解決に必要欠くべからざる役割を果たしていると見なされていない。

②格別の知識と技術的な専門性を有していると見なされていない。

③養成プログラムが適切かつ高度なものか評価が未形成である。

④採用や活動の選択、行動についての必要な自律性をもっていないし、そのための制度的基盤が弱い。

⑤「ユースワーカー集団」が十分成立していないことと、資格取得後の研修の機会の保証がない。

以上の問題点は、専門性を考える際の重要点と関わっている。

2. 専門職の条件と専門性

専門職の条件として必要なものは下記の項目である (日本社会福祉士会編 2009：iii；日和 2016；参照Müller 2011：957-958)。

1) 専門職とは、科学的理論に基づく専門の技術の体系をもつものである

こと。（体系的な理論 systematic theory）

2) その技術を身につけるのには、一定の教育と訓練が必要であること。

3) 専門職となるには、一定の試験に合格して能力が実証されなければならないこと。（専門職的権威 professional authority）

4) 専門職は、その行動の指針である倫理綱領を守ることによって、その統一性が保たれること。（倫理綱領 ethical codes）

5) 専門職の提供するサービスは、私益でなく公衆の福祉に資するものでなければならないこと。（社会的承認 community sanction）

6) 社会的に認知された専門職団体として組織化されていること。（専門職的文化 professional culture）

　水野が前節で指摘する養成・研修をめぐる問題点は、上記1)〜6)にあげられている専門職として備えるべき「体系的な理論」、それに基づく「教育・訓練」とそれを経ることによる「権威」、専門職が大切にすべき「倫理綱領」「行動指針」、それらの実践を通じて得られる「社会的承認」、専門職集団としての文化を維持・発展させる「組織」の存在などの点で不十分であったということである。

　次に、こうした支援者の専門性は、「子ども・若者支援を展開する体系的な理論の枠組みを持ち、一定の教育と訓練を必要とする」ものだと考えられる。その専門性を形づくる専門的能力として次の四つの要素がある（生田 2017b：5）。なお、一般的にはナレッジ、スキル、マインドの三つを指摘することが多い（岩間 2016ほか）[4]。

・ナレッジ（知識）：社会制度や資源、子ども・若者に関わる問題についての知識

・スキル（技能）：課題に向かうための技能……個人・グループ・システムに働きかける

・マインド（価値観）：活動を支え、方向づける、基盤となる理念・思想・哲学

・センス（感受性）：社会的ニーズを発見するなど、状況の要請に対する

4　ナレッジ（知識）とスキル（技能）について、「生きた知識」とするための認知スキーマ（schema）の構築、それを踏まえた知識の身体化・スキル化の方途についても大きな検討課題である（参考：今井 2016 など）。

　　必要な感受性

　以上の点について、自覚的に取り組もうとする動きが筆者の研究プロジェクトを始めとしていくつか存在する。

3.　養成・研修等をめぐる新たな動向

3.1　養成・研修

　新たな動向として、次の取り組みが進行中である。
①京都市ユースサービス協会「ユースワーカー養成講習会」……2008年度から年2回（8月、3月）開催
　　目的としては、ボランティアワーカーや関連機関で働くワーカーの養成である。このため、内容的には、宮崎が整理した①②を中心とする。筆者が参与観察した第15期ユースワーカー養成講習会（2016年3月12、13日（土・日）京都市中央青少年活動センター）については、本章最後の参考資料3を参照してもらいたい。
②内閣府研修……2010年度以降開催
　　「ニート、ひきこもり等の子ども・若者の相談業務に従事する相談員研修」（2011年3月）、「困難を有する子ども・若者の相談業務に携わる公的機関職員研修」（2012年度〜2016年度：各年度10月）、「困難を有する子ども・若者の相談業務に携わる民間団体職員研修」（2012年度〜2016年度：各年度12月または1月）、「構成機関における相談業務に関する研修」（2017年度〜）、「専門分野横断的研修」（2017年度〜）
　　2019年度段階では、困難を有する子ども・若者の相談業務や領域横断的な子ども・若者支援の課題に対応するための研修が国立オリンピック記念青少年総合センターにおいて5日間の合宿形式で行われている。上記以外にも、スキルを限定した「アウトリーチ（訪問支援）研修」も2010年度から実施されている（事前研修5日間、受入団体研修7日間、事後研修3日）。
③「一般社団法人 若者協同実践全国フォーラム」（略称：JYCフォーラム）発足：2017年11月6日
　　2005年に結成された「若者支援全国協同連絡会」が法人格を取得して発

足した。目的は、「若者の置かれる不利な状況を起点にして、社会的孤立・排除の課題に向き合う実践者（支援者・当事者・家族・研究者・行政関係者・市民等）の実践や思いを交流しながら、若者が地域の主体となる実践とその交流・研究を支える場づくり」である。毎年、全国若者・ひきこもり協同実践交流会を開催している。

　以上の取り組みは、①についてはボランティアを含めた養成・研修的側面が強く、②については現職研修、スキルアップ的側面が強い。③はターゲット支援を中心とする支援者間の交流・発信のための場づくり的な側面が強く、多くの団体・支援者が関与している。

3.2　養成・研修のあり方への提言

　筆者が研究代表者となっている研究において、次の提言「子ども・若者支援専門職の専門性と研修カリキュラム試論―若者施設職員における研修・養成システムを中心に考える―」が行われた（2016年度日本社会教育学会6月集会プロジェクト研究「子ども・若者支援専門職の必要性と資質に関する研究」報告（七澤淳子・松本沙耶香・水野篤夫・竹田明子 2016））。この提言は、研究活動の一環で実施した青少年団体調査（札幌、横浜、京都、神戸）〈2014～2016〉[5]を通じて、「困難層への支援にとどまらない、全ての若者を対象とした支援を行う」、「特定の課題にクローズアップするのではなく、広くユニバーサルに支援を行う」ことの重要性を共通の問題意識とし、その上で、スタッフが抱える共通の課題、すなわち「スタッフ養成（研修）が難しい」「専門性が確立されにくい」という課題への対応を検討するものであった。

　「若者と関わる職員・スタッフが育つ仕組み（戦略）の提案」は、次の内容で構成されていた。

(1)研修・養成のシステム化へ
　　・記録や評価フォーマット、職員トレーニング等の共通化・スタンダード化
　　・共同での事例研究の実施　等
(2)システムやツールを有効に活用し、スタッフを育てる人を「業界」で養成
　　・トレーナー、スーパーバイズを担えるスタッフを業界で養成する（位置づけていく）

5　川野麻衣子・松田考・南出吉祥（2016）などで報告されている。

　　　＊力量や経験のあるスタッフを業界内で活用していく

(3)同地域で活動する、共通基礎講座の実施

　・資格（専門士）講習の全国各地での基礎講座実施にもつながる

　・拠点となる複数の地域で演習・実習・SV（スーパー・バイズ）＋基礎講座
　　（資格取得プログラム）

　　⇒地域における若者支援の活性化と向上

(4)共通で使えるツールとしてのハンドブック（ワークブック）の作成（活用）

　・各地の実践者・実践団体が共通言語を持つためのハンドブックを共同で
　　作成する[6]

　・ワークブックを併せて作成

　　＊多様な実践（若者支援スタッフらしい考え方）を読み取ることができる
　　　ような、実践事例＋対応の例＋解説で構成する問いの誘発の素材、活
　　　用方法の提示

　　＊「問いを誘発する」形で、実践現場での研修・養成に用いる

(5)アカデミックベースとしての「若者学」研究の組織化

　・若者の成長支援の定義と倫理指針（英：Ethical Conduct）策定を目指す

　・研究現場と実践現場で共に「子どもや若者が育つ過程」を探求する

(6)子ども・若者の成長支援に関わる個人・団体・機関による「業界」を形成
　する

　・ノウハウ、事例等を用い・集め、分け合うことで担い手を育てる

　・若者政策への提案を行う

6　若者施設職員向けハンドブック案（七章・松本・水野・竹田2016）
　　初任者養成のための基礎テキスト（第Ⅰ編）と、現場で使用する継続トレーニングツール
　（経験と研究とを往復するモデル）（第Ⅱ編）から構成
　　◎ハンドブックの内容
　～はじめに～：・ハンドブックの使い方
　　第Ⅰ編　初任者養成テキスト
　　・職員に求められる共通基礎：―ユースワーカーとは、―現代社会における若者理解、
　　　―社会資源や関係法令の理解、―専門的な対人支援技術
　　・倫理指針　ほか
　　第Ⅱ編　実践と省察メソッド
　　・Case 1……・Case10
　　・事例検討用ワークシート
　【参考】『ユースワーカーハンドブック』（ユースサービス大阪2016）、『ユースアドバイザー
　養成プログラム（改訂版）』（内閣府2010）

・担い手の働く基盤強化を目指す（安定・継続して、能力が発揮できる環境へ）

　この提言は、次節で紹介する取り組みに具体的に反映している。たとえば、(1)は第3節①ユースワーカー養成講習会をベースに京都以外でも展開され、職員トレーニング等の共通化・スタンダード化を志向している。(4)は次節①のワークブック作成につながっている。構成内容としても、この提言が反映している。また、ハンドブックの作成も予定されている。(6)は、次節②のユースワーカー協議会の結成につながる。協議会の活動は、(2)(3)(5)とも連動している。

4. 専門性探究をめぐる取り組み

　上記の取り組みと関連しつつ、専門職の条件に記載した「体系的な理論」、それに基づく「教育・訓練」、大切にすべき「倫理綱領」、専門職集団としての文化を維持・発展させる「組織」に意識的に取り組んでいるのが、筆者が関与する以下の事例である。

①ユースワーカー全国協議会（準備会）編（2019）『ユースワークって何だろう!?〜12の事例から考える〜』（子ども・若者支援専門職養成研究所、奈良教育大学次世代教員養成センター）発行

　事例研究向けの研修教材（ワークブック）を、2018年度日本教育公務員弘済会本部奨励金の助成を受けて作成した。ワークブックは、ワーカー編7事例、マネージャー編5事例[7]からなり、それぞれの事例では「事例提示—支援者の対応例（4パターン）—支援の解説」という記載の流れで構成されている。また、ユースワークの価値観と目標観を定めた。価値観は六側面があり、それに即した目標と具体的指標を措定した（参考資料4）。

---

7 事例は、ワーカー編とマネージャー編からなっている。
　　ワーカー編は7事例である：①普段から喫煙をしている常連の中学生グループとの関わり、②若者で構成されているイベント実行委員会、③施設でのマナー（ゴミの扱い）、④居場所としての関わり方、⑤グループ間のトラブル、⑥将来の夢について背中を押すかどうかの葛藤、⑦学校との関係。
　　マネージャー編は5事例である：①対象が限定された事業における対象外の若者への対応、②ルールで定められた以外の対応を求められた時の対応、③特定のワーカーに依存傾向のある高校生の対応、④万引きの疑いのある若者と警備員への対応、⑤刺青を入れた若者の施設利用。

②ユースワーカー協議会発足……2019年7月1日

　上記ワークブックを編集した準備会が正式に協議会として発足した。目的（規約第2条）は、「この会は、ユースワークに携わる実践者が集まり、ユースワーク（若者の成長支援）に関わるスタッフの、実践交流による専門的力量の向上と実践の言語化（エンパワメント）を進めるとともに、その社会的認知を拡大していくことを目的とする。」である。当面は「研修団体」としての役割を志向し専門性の向上を目指す。設立メンバーは、さっぽろ青少年女性活動協会、よこはまユース、名古屋ユースクエア共同事業体、こうべユースネット、京都市ユースサービス協会の五団体に所属する職員を中核とし、監査として筆者が関わっている。

③子ども・若者支援専門職養成研究所編（2020）『子ども・若者支援専門職養成ガイドブック─共通基礎─』（サンプル版）発行（同研究所ホームページで公開 https://ipty2014.wixsite.com/mysite/2-1）

　2018年度および2019年度に実施した研修会などの展開を踏まえた研修テキスト試行版である。支援の方法論、専門性の枠組み研究の整理を一定程度反映した表「ナレッジとスキルの要素（試案）」に即して作成している（第9章参照）。
　作成の趣旨は以下の通りである。

　　・子ども・若者支援に関わる人たちの「共通基礎レベル」の知識と方法論、大切にすべき価値についての養成・研修テキストの試行版とする。
　　・支援の方法論、専門性の枠組み研究の整理を一定程度反映した表「ナレッジとスキルの要素（試案）」に即して作成している。
　　・ターゲット的支援を中心に検討し作成する。
　　・このガイドブックの制作は、支援の現場において、明確な枠組みを持った養成・研修の教材やカリキュラムが不十分な現状を踏まえた取り組みである。

　第2節で示した専門職の条件との関連で整理すると、①は、ユースワークを中心とする「倫理綱領」、「体系的な理論」、それに基づく「教育・訓練」のためのワークブックの作成である。②は、専門職集団としての文化を維持・発展させる「組織」の確立を志向している。③は、「体系的な理論」を踏まえた「共通基礎」の内容、それに基づく「教育・訓練」のためのテキストづくりである。
　以上の取り組みを通じて、水野（2009：158）が五点にわたって指摘した問題点、社会的承認の低さ、知識・技術の体系性の弱さ、養成プログラムの妥当性、行動指針の不明確さ、組織的未確立を克服しようと動き出している。

〈参考資料1〉

○ユースアドバイザー（内閣府：2007〈H19〉年度、研修・養成プログラム開発）[8]

・役割：ニートやひきこもり、不登校などの問題を抱える若者に対し、社会的な自立を支援する専門的な相談員
・業務：継続的に関わっていくなかで、就学・就労を目指し、その前段階となる若者の社会参加を促していく。
・ユースアドバイザー研修の対象者

　　若者支援に携わる関係分野（就労、教育、保健・医療、福祉、非行関係等）の相談・支援機関の相談員として現に活動している職員等で、プログラムに基づく研修や学習の実施により、ユースアドバイザーの役割を果たせる見込みがある者を対象とする。
・研修・養成プログラムの概要：120時間←「修了証」交付、法的資格ではない

分類	学習内容	学習時間
1　制度の概要及び業務の内容	若者支援ネットワークの概要とユースアドバイザーの役割及び業務を理解する。	2
2　支援対象者の理解	若者を取り巻く状況及び若者の抱える問題を理解する。	17
3　さまざまな社会資源—関係分野の制度、機関等の概要、関係機関の連携等—	若者支援に関連する各種制度の概要とネットワークの意義を学ぶ	30
4　支援の実施	若者支援ネットワークの各機関で実施されている支援の具体的内容と方法を学ぶ。	71

・ユースアドバイザー養成講習会……32時間（16単元）、←「修了証」交付、法的資格ではない

回	単元	項目	講師	当該分野の大学教授等以外の具体的な講師候補
第1回	1	制度の概要及び業務の内容	若者自立支援に知見のある者	中央企画委員有識者等
	2	若者をめぐる状況と自立支援の現状	少子化、晩婚化、非婚化等若者をめぐる状況及び若者の自立支援の現状に知見のある者	中央企画委員有識者等
第2回	3	学校から職業生活への移行、雇用・就労をめぐる状況	若者の学校から職業生活の移行過程の現状、雇用・就労をめぐる状況に知見の深い者	ハローワーク所長など地域の労働事情等に知見のある機関の長等
	4	労働環境について（職業紹介も含む）就労支援について	労働環境の仕組み、就労支援に知見のある者	ハローワーク、ジョブカフェ、サポステ等地域の労働状況や就労支援に知見のある者

8　参照：https://www8.cao.go.jp/youth/kenkyu/h19-2/html/ua_mkj.html

第3回	5	不登校、高校中退について 若者のひきこもりについて	不登校・高校中退の問題及び若者のひきこもりの問題に知見のある者	教育相談所長、精神保健福祉センター等の医師
	6	若者のメンタルヘルスについて（知的障害、発達障害、精神障害を含む）	若者のメンタルヘルスについて知見のある者	精神保健福祉センター等の医師
第4回	7	若者の非行、犯罪について、少年司法の仕組みについて	若者の非行・犯罪、少年司法の仕組みに知見のある者	警察や司法関係機関（家裁、少年鑑別所等）など地域の少年非行の状況に知見のある者
	8	薬物依存（麻薬、覚せい剤、向精神薬、アルコール等）について	若者の薬物依存に知見のある者	精神保健福祉センター等の医師、少年鑑別所心理技官等薬物依存に知見のある者
第5回	9	公的扶助、障害者福祉の仕組み	公的扶助、障害者福祉の仕組みに知見のある者	自治体の関係部局長、社会福祉事務所長等
	10	ネットワークの構築と個人情報保護について	複数機関の関与による支援の在り方に知見のある者、ネットワークにおける個人情報保護に知見のある者	社会福祉事務所ソーシャルワーカー、要保護児童地域対策協議会担当者等
第6回	11	アセスメントと支援計画	アセスメントや支援計画に知見のある者	少年鑑別所鑑別技官、社会福祉事務所ソーシャルワーカーなど
	12	ケース検討会の在り方	ケースの見立てができ、関係機関の協働による包括的支援に知見のある者	少年鑑別所鑑別技官、社会福祉事務所ソーシャルワーカーなど
第7回	13	「動機付け面接」など効果的な面接方法の実習	動機付け面接等効果的な面接方法に知見のある者	実技指導のできる者（動機付け面接指導者、SST普及協会会員等）
	14	SSTなどグループワーク実習	SSTなどグループワークに知見のある者	
第8回	15	アウトリーチ（訪問支援について）	非行等幅広い分野におけるアウトリーチ（訪問支援）の手法に知見のある者	精神保健福祉センター等訪問支援に実績のある機関の者
	16	まとめ（地域における若者支援体制の充実に向けて）	地域における若者の自立支援体制の整備・充実に知見のある者	実施地域の青少年行政関係部局長等

〈参考資料2〉

○こどもパートナー・こどもサポーター・こども支援士（一般社団法人　教育支援人材認証協会[9]）

・こどもパートナー：「こどもと関わり合う力」を身につけることを目標とする基

---

9 地域に根ざした教育支援人材の育成、活用、普及を図ることを主な目的とし、2011年に東京学芸大学を中心とする大学等のネットワークにより設立された。会員は12大学、1専門学校、1団体である（2020年4月1日現在）。地域のブランチ大学は、（関西）奈良教育大学、（中国・四国・九州）中国学園大学である。

礎的なベーシック講座
　　講座：4時間……「教育支援者とは」「こどもの理解」「こどもを取り囲む環境」
　　「こどもとの接し方」（各60分以上）
・こどもサポーター：受講希望者の関心がある分野（領域）、あるいは得意とする
　分野（領域）での支援（サポート）のための研修
　　講座：12時間（内訳　パートナー4時間＋サポーター8時間）
・こども支援士：以下の支援ができる人材の育成……講座：30時間
　　1．学習指導、児童・生徒指導など学校での教育活動全般の支援（各種学習補助
　　　員、各種サポート員、各種支援員など）
　　2．アフタースクール支援（各種放課後子どもプラン支援員、各種保育指導員、
　　　児童館指導員など）
　　3．子育て支援（放課後児童、地域保育）（放課後児童クラブ補助員、学童保育指
　　　導員、小規模保育従事者、家庭的保育補助者など）

〈参考資料3〉

京都市ユースサービス協会　第15期ユースワーカー養成講習会
　　　　　　　　　（2016年3月12、13日〈土日〉京都市中京青少年活動センター）
◎スケジュール

	1日目		2日目
10:15〜 12:00	●若者を支える仕事 ユースサービスとユースワーカー	10:00〜 12:00	●ユースワーカーに求められるスキルⅠ コミュニケーションワークを通して
休憩		休憩	
13:00〜 16:00	●ユースワーカーとしての自己理解	13:00〜 16:00	●ユースワーカーに求められるスキルⅡ グループワーク／グループプロセスと観察
休憩		休憩	
16:15〜 18:15	●相談に来る若者への理解 個別支援とユースワーク	16:15〜 18:00	●事例検討を通した実践の省察 ●資格コース案内

◎対象……青少年支援現場で支援活動を行っている人、若者に関わる現場を持つ人
　（例）青少年関係団体の職員・ボランティアスタッフ、若者と関わる活動をする
　NPO職員、児童館職員、若者を中心とするボランティアグループのリーダー層、
　保健師、心理カウンセラー、大学職員、ケースワーカー、学生等

◎主な内容
　　1日目はユースワークの理解と自己理解、それを踏まえ、2日目はグループへの
　働きかけについて考え合うセッションである。ユースワークは、若者の自分づくり、
　仲間づくり、社会（コミュニティ）づくりへと成長の広がりを支援していく作用で

あり、それを具体的に考え合うことができる研修といえる。

○1日目

例)「若者を支える仕事　ユースサービスとユースワーカー」の構成

1. なぜ、ユースサービスの仕事へ？
2. ユースサービスの価値
3. あなたにとっての若者を巡る課題・「問題」って何？
4. 日本における従来の青少年への関わり
   (1)青少年（青年）教育……だんだん参加を得られなくなって衰退
   (2)「健全育成施策」と「非行対策」……対症療法的で原因に迫れない
   (3)総合的な取り組み（若者政策）への流れ
   ・子若育成支援推進法（2010）：子どもの権利条約をベースに、総合的な支援体制を自治体の責任で作る
   ・「青少年」から「子ども（と）若者」へ：子どもを巡る問題と、それに続く"青年期以降"の問題…長くなる青年期を含めた言葉として「若者」に注目
   (4)ユースサービス（ユースワーク）への注目
5. ユースワークとは何か……"学校教育課程外での「非形式的な」成長への支援の営み"
   ・子どもから大人への移行期にある若者を支援し、その成長をトータルに手助けします。
   ・ユースワーク展開の鍵となるのが専門スタッフとしてのユースワーカーです。
6. ユースワークの目指すこと……
   ・楽しさとチャレンジとを学びに結びつけた、"非形式的な教育"を通して、
   ・若者が自分自身のこと、周りの人々のこと、そして社会を知っていけるように手助けし、
   ・また、若者の個人としての成長と社会性の開発を促し、
   ・若者がコミュニティや社会に対しても声を出し、影響を与えることができる位置づけを得られるようにします。(National Youth Agency: 2007)
7. ユースサービス（ユースワーク）の範囲
   ・青少年活動の施設、
   ・就労支援　自立支援活動、
   ・フリースクール・居場所活動・自立支援活動
   ・行政の施策……青少年教育／青少年育成施策、福祉の領域／児童福祉・保健、労働行政
   ・民間の青少年活動……子ども会・少年補導委員などの地域活動、スポーツ少年団・音楽・文化活動団体など目的別活動、ボーイスカウト・ガールスカウト、ユースホステルなど野外活動団体、YMCA・YWCAなど総合的な青少年団体
8. ユースサービスの実際をいくつか（京都市ユースサービス協会の実際）
   ・オープンでありつつ落ち着ける場をつくる……「ロビーが居場所！」

・居場所づくり支援の事業……「街中コミュニティ」（街コミ）
・20代も生きづらい⁉……「20代の鍋の会」
・アートを生かしたプログラム……「東山コトハジメ」、「ダンスワークショップ」
・地域社会と関わる……「サンタ大行進」、「伝記プロジェクト」
・「政治」参加を考える
・食や農を通して考える……「野菜づくりから仕事に近づく」
・ボランティア活動の場……下京フェスタ、地域の清掃活動支援、日本語教室など

9. ユニバーサルなワークと個別課題に関わった取組
・青少年活動のセンター等は「課題があるから」やってくる場ではない。
・それに対して「課題毎」に関わる取組もある……職業的な自立、経済的困窮という課題
・課題横断的な取組も求められるようになった……個別に抱える複合的な課題：就労支援、学習支援

10. ユースワーカーとは……？
・ユースワークの企画や運営に当たる専門スタッフ
・社会と若者の間で、若者が社会のメンバーとして自立していくことを若者の側に立って手助けする人
・若者の成長や利益のために、役立てる人
　　→日本でも、ユースワーカーといってもいい役割を果たす人たちが多く活動：専門領域の経験を生かして若者と関わる人、関連する職にあって若者と向き合う人、プロフェッショナルワーカー

11. 京都でのユースワーカー養成の試み

12. 子どもが大人になるとは？
・家庭（家族）世界……甘える、服従する（指示に従う）、大きくなる、体験する
・学校世界……勉強する、集団行動する、規則を守る、良い成績を取る、身体を鍛える←学校外活動の領域
・勤労世界……お金を稼ぐ、組織の規範に従う←社会活動の領域
　　……それぞれの時期に「移行」という課題→移行期の"危機"

13. 子どもが社会の人になる？

14. 若者の生活空間とユースサービス

○2日目
具体的なコミュニケーションスキルを育成するワークが展開される。

例）「ユースワーカーに求められるスキルⅡ：グループ・プロセスの観察のワーク」の流れ
○課題について議論しあうグループ⒜とその様子を観察するグループ⒝に分かれる。
○それぞれの議論・観察状況の意見交換の様子を相互に観察しあう。

○役割を交代して2セットを実施する（各セットは1時間程度）。

○グループでの課題に関する討議のプロセスを、全体の議論の流れ、個人の果たしている役割、メンバー間の関係性、論点などの転換や整理・進行の役割、雰囲気づくりなどの視点から検討しあう。

例)「事例検討を通した実践の省察」の流れ

あるセンターでのロビー記録についての検討である。中学生グループとの関わりの様子とそれぞれの場面についてのワーカーの所感の記録であるが、中学生によるワーカーを試す行為が続いた後、関係性の構築のきざしが窺えるエピソードである。ワーカーの対応については、いくつかの課題が出されたが、中学生にとってセンターが重要な他者のいる居場所となりつつある様子がうかがえる事例である。

〈参考資料4〉

ユースワークの価値観と目標観 (2019.1)

（ユースワーカー全国協議会〈準備会〉編 2019: 3)

	基本的な価値観	ワークの目標		ユースワークは以下のことを大事なものとする
1	個々の若者の固有性を価値あるものとしてとらえる	個々の若者の持つ力を尊重しながら、それが引き出されるようにする	1-1	若者が本来持つ力を大事にして、それが引き出されるよう働きかけていく
			1-2	先入観に囚われず、公平な視点を持って若者を受け容れ若者と関わる
2	信頼関係づくりから始める	若者との間に信頼と共感という基盤を形成する	2-1	若者と同じ時間や場、活動を共に過ごすことで作られる信頼関係から始める
			2-2	若者の求めるものや世界観を前提としながら、ワークを組み立てる
3	若者の自己決定を尊重する	若者の選択肢を増やし、自己決定の能力を培う	3-1	若者にとっての選択肢を増やし、自己決定できる機会を保障する
			3-2	若者が自らの選択や判断の前提をふりかえることが出来る機会を保障する
4	他者との関わりと、集団の中での学びのプロセスを大事なものとする	若者が社会の中で生きていく力を身につけていけるようにする	4-1	若者が他者や集団（グループ）とつながり、対人関係の中で生き方を学んでいくことを促す
			4-2	体験を通して、認知的・非認知的な能力を伸ばしていくよう促す
5	すべての若者への機会と場を保障できるようにする	すべての若者への学びと成長のための機会と場を保障する	5-1	若者が安心でき、チャレンジを許容する活動の場や機会が、平等に開かれているようにする
			5-2	多様で曖昧な若者の思いやニーズに応えることができる場を、すべての若者に対して開く
6	若者が所属するコミュニティや社会全体の正規の一員として位置づけられる	若者を受け容れるコミュニティをつくる	6-1	若者が理解され、その思いが伝わりやすいコミュニティができるよう働きかける
			6-2	特に地域コミュニティにおいて、若者が意思決定に参画する機会を保障する

9　子ども・若者支援に従事する者の専門性試論

　本章は、子ども・若者支援に従事する者の専門性とその枠組みと課題について検討する。

　その際に、第8章4「専門性探究をめぐる取り組み」で取り上げた子ども・若者支援専門職養成研究所編（2020）『子ども・若者支援専門職養成ガイドブック―共通基礎―』（サンプル版）にも関連づけて考察する。

1.　枠組みの説明―専門職と専門性―

1.1　専門職

専門職の条件として必要なものは第8章で既述の通り下記の項目がある。
1）体系的な理論（systematic theory）
2）一定の教育と訓練
3）専門職的権威（professional authority）
4）倫理綱領（ethical codes）
5）社会的承認（community sanction）
6）専門職的文化（professional culture）

　図9-1の通り、子ども・若者支援には多様な専門性をもつ専門職や専門職的な資格を持つ者（社会福祉士（ソーシャルワーカー）、心理専門職、キャリア・コンサルタント、教員、医師、ユースワーカーなど）が携わっている。

　その中で今回のサンプル版の位置づけは、子ども・若者支援に携わる上で有すべき専門性の共通基礎的な部分の「体系的な理論」の構築とそれに基づく養成と研修のための教材づくりである。専門職の六条件からいえば、サンプル版は1）と2）に関連するものである。

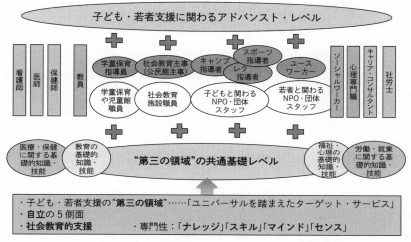

図9-1　子ども・若者支援に関わる人たちと「共通基礎」

「共通基礎レベル」に関連して、第2節でも取り上げる竹中哲夫（2016: 91）は「子ども・若者支援専門職の共通基盤（共通学習課題）（試案）」を提起し次のように述べている。

> 「『共通基礎（共通学習課題）』は、資格制度を念頭に置いているのではなく、多様な専門職者が共通に理解していることが望ましいと思われる価値観・知識・活動内容（手法）の概要である。これらの学習課題は、全体としては、ミクロ・メゾ・マクロレベルの実践に関係する学習課題を含んでいる。」

図9-1の状況にある日本の現状、ならびに第8章において明らかになった知識・技能の体系性の弱さと養成プログラムの妥当性について、子ども・若者支援の領域の「共通基礎」を洗い直すことから、始めようとする試みである。その意味で、サンプル版は、子ども・若者支援に携わる支援者の専門性に関する「共通基礎」の試行版である。

1.2　専門性

支援者の専門性は、上述の通り専門職の条件1）と2）に関連し、「子ども・

若者支援を展開する体系的な理論の枠組みを持ち、一定の教育と訓練を必要とする」ものだと考えられる。その専門性を形づくる専門的能力として次の四つの要素がある[1]。

表9-1　専門性を構成する専門的能力の四要素（仮説）

ナレッジ（知識）	社会制度や資源、子ども・若者に関わる問題についての知識
スキル（技能）	課題に向かうための技能……個人・グループ・システムに働きかける
マインド（価値観）	活動を支え、方向づける、基盤となる理念・思想・哲学
センス（感受性）	社会的ニーズを発見するなど、状況の要請に対する必要な感受性

　現代では若者の抱える課題が複合的に絡み合っており、一面的な支援では成立し得なくなりつつある。そうした中で求められるのは、複合的な子ども・若者の課題を読み解くため、子ども・若者自身のそばで同伴しつつ、課題を把握し適切に対応・対処することだといえる。これら四つの要素は関連し合いつつ、専門性を形成している。そのために何を大切にすべきかという「マインド」が基礎として大切であり、その上で、子ども・若者支援に関する知識と方法を踏まえた具体的な対応をするための「ナレッジ」「スキル」が不可欠である。そして具体的場面において、子ども・若者の興味・関心、抱える課題を察知するアンテナを立てつつその場に対応する「センス」が大切である。なお、「センス」については、個々の支援者のこれまでの生活経験、趣味・関心のあり様により異なるため、別項目を立てて検討する（第5節参照）。ここでは、一般化しやすい「ナレッジ」「スキル」「マインド」を中心に話を展開する。

2.　ナレッジ、スキル、マインド

2.1　マインド（価値）

　一般的に、対人援助（ソーシャルワーク）においても知識（ナレッジ）・技能（ス

1　水野（2015）は、「若者と関わるスタッフ（職員）の専門性のあり方（分析のまとめ）」（3頁）において、「専門性と専門的能力」について次のように整理している。本書と同じ考えである。
　「辞書的に言えば専門性とは、『特定の領域に関する高度な知識と経験』ということで、その意味では『専門的能力』は、専門性の一構成要素であり、専門性を語ることは、専門的能力の育成・維持・開発の全体を確立する視点を持たなければならないのだということだろう。」（下線：水野）

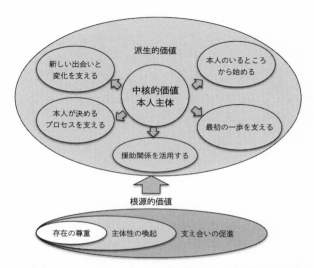

図9-2 対人関係（ソーシャルワーク）の三つの「価値」の位置と構造（岩間 2014：154）

キル）・価値（マインド）の位置づけは重要である。特に価値については、岩間
伸之（2014：154 図9-2）が示すように、根源的価値として「存在の尊重」「主体
性の喚起」「支え合いの促進」があげられている。それを踏まえた派生的価値
（「本人のいるところから始める」「最初の一歩を支える」「援助関係を活用する」「本
人が決めるプロセスを支える」「新しい出会いと変化を支える」）についても本人自
身を踏まえた関係性の広がりに重点が置かれている。

表9-2 子ども・若者への「支援の視点と三層構造」（仮説）

○支援の視点	○支援の三層構造
・自発性、すなわち思い・関心・願いを踏まえる（個の存在の重視）	・自分づくり…個々に関わる活動
・自主的・主体的な活動を活性化する（個の可能性の重視）	・仲間づくり…グループに働きかける活動
・「個人的および社会的成長」を支援する（個の成長の支援）	・地域づくり…社会システムやコミュニティとの関係を紡ぎ直す活動

　私たちの研究では、こうした整理や実践現場での整理（水野・遠藤2007）など
を踏まえ、大切にすべき「価値」として子ども・若者への「支援の視点と三層
構造」（表9-2）を仮説として提起している。個々の存在・可能性・成長の視点
から、三つの層（自分づくり、仲間づくり、地域づくり）での関わりの構築によ

る個人的・社会的成長への機会の提供が重要となる。支援の視点は岩間の根源的価値と、そして支援の三層構造は岩間の派生的価値とも通じるものがある。

　こうした仮説を踏まえつつ、第8章で検討した通り、研修教材（ワークブック）『ユースワークって何だろう!?～12の事例から考える～』作成とユースワーカー協議会の結成を通して、参考資料4「ユースワークの価値観と目標観」が整理されてきている。

2.2　ナレッジとスキル

　上記のマインドを踏まえて、子ども・若者に向き合うにあたっての専門的能力は、ナレッジおよびスキルと関連している。子ども・若者支援の場合、表9-3

表9-3　ナレッジとスキル（仮説）

専門的能力	主な内容
Ⅰ　子ども・若者理解と支援の課題把握	子ども・若者支援の目的・歴史、子ども・若者の人権、さらには関連する法令などを理解し、現代的な課題を把握できる。（知識と理解）
Ⅱ　支援の方法論の把握・活用	対象を把握し、支援計画、支援方法、評価方法を理解し、実践に活用することができる。（対象理解・支援方法）
Ⅲ　社会性・寛容性・連携力	多様な人たちと関わること、地域の教育・支援活動などに関わることの重要性を理解し、支援活動に生かすことができる。（つながり・多様性）
Ⅳ　マネージメント・運営力	専門職の役割と責任を自覚した上で、組織的な支援活動や経営活動を行うことができる。（経営・参画）

表9-4「子ども・若者支援専門職の共通基盤（共通学習課題）（試案）」（竹中 2016：90）

学習分野	学習内容の例示
1)　子ども・若者・家族の社会学・社会科学	現代社会における子ども・若者はどのような状況におかれているか、社会的排除などの実態と解決方法など
2)　人権論・倫理論	人権・倫理の概要、子ども・若者支援関係諸団体の倫理綱領など
3)　発達論・発達心理学	子ども・若者の発達の理解、発達支援の理解
4)　臨床心理学・発達臨床心理学	臨床心理学の概要、心理アセスメント・カウンセリング・心理療法の概要、コミュニティ心理学、発達臨床論（発達理解・発達支援）
5)　ソーシャルワーク	ソーシャルワーク原論、ケースワーク、グループワーク、コミュニティソーシャルワーク
6)　精神医学・精神医療	精神保健福祉の概要、子ども・若者（青年期）精神医学の概要、精神保健医療の諸機関・施設論
7)　教育・社会教育	教育原理、子ども期・青年期の社会教育・社会教育施設論（運営論）
8)　若者の就労問題	若者の就労状況、就労支援の制度と支援方法
9)　法制度・社会資源	子ども・若者に関わる法律・制度の概要、子ども・若者支援に関わる社会資源論（公営施設、社会福祉法人、NPO法人などの施設論・運営論）
10)　分野横断の連携・ネットワーク論	子ども・若者支援地域協議会、要保護児童対策地域協議会、ひきこもり支援地域地域ネットワークなど各分野のネットワーク論、あるいは、協議会等の組織論・運営論、行政と民間の協力態勢論

の四つの専門的能力から構成されると提起している。

関連して、竹中哲夫 (2016: 90) が作成した「子ども・若者支援専門職の共通基盤 (共通学習課題) (試案)」 (表9-4) では、「学習分野」という形で次のように提案されている。

竹中の試案は、子ども・若者の置かれている状況と個の尊重 (人権) の把握 (表9-4の1、2)、各学問領域の理解 (同3〜7)、キャリア形成と支援の地域ネットワーク・資源の把握 (同8〜10) という構成となっている。

表9-5 「ナレッジ」と「スキル」の要素 (試案)

コンピテンシー	要素		アプローチ
	A. 青少年育成的 (青少年活動、講座・イベント企画、など)	B. 青少年支援的 (就労支援、ニート・ひきこもり・不登校支援など)	
Ⅰ 子ども・若者支援の課題把握	Ⅰ-0 子ども・若者支援の従事者の専門性と役割 (オリエンテーション) Ⅰ-1 子ども・若者をめぐる歴史・子どもの権利・法・文化・取り組みなどの概要の理解 Ⅰ-2 子ども・若者支援の基礎概念 (居場所、自尊感情、対話、自立) の理解 Ⅰ-3 子ども・若者支援をめぐる現代的課題 (不登校、ひきこもり、発達障害、児童虐待など) の理解 Ⅰ-4 海外の動向を踏まえた、"第三の領域"としての子ども・若者支援の理解 Ⅰ-5 子ども・若者支援の福祉的側面の理解		知識・理解
	Ⅰ-A-1 青少年活動の組織・計画	Ⅰ-B-1 子ども・若者支援における医療的支援 (発達障害、精神疾患とその支援)	
Ⅱ 支援の方法論の把握・活用	Ⅱ-1 子ども・若者と出会い、向き合う (居場所と対話・自尊感情に関する理解を踏まえた対応) Ⅱ-2 集団・コミュニティ形成を志向した支援 (主体性を尊重する支援方法) Ⅱ-3 リフレクションの展開、ケース記録などの作成・整理		対象理解・支援方法
	Ⅱ-A-1 子ども・若者の学びや活動への支援 Ⅱ-A-2 リーダー論、ジュニアリーダー論	Ⅱ-B-1 心理アセスメント、カウンセリング、心理療法 (サイコセラピー) の技法 Ⅱ-B-2 困難を抱える若者に対する自立までの継続的な支援 Ⅱ-B-3 家族支援、ペアレントトレーニング、オープンダイアログ	
Ⅲ 社会性、寛容性、連携力	Ⅲ-1 関係者、支援者や学校などの機関との連携やネットワークの構築・活用 Ⅲ-2 児童虐待等の早期発見、ならびに児童相談所等の関係機関と連携した対応 Ⅲ-3 事例研究会の実際 (事例対応のためのケース会議の開催と運営に関する理念・技法の把握) Ⅲ-4 事例研究の実践に学ぶ		つながり・多様性
Ⅳ マネージメント・運営力	Ⅳ-1 総合調整と人材育成、ノウハウ蓄積・共有 Ⅳ-2 事業の公共性の維持 Ⅳ-3 運営基盤と経営能力		経営・参画

　この試案も参考にしつつ、表9-5を作成している。表9-5は、子ども・若者支援専門職養成研究所において進めている「社会教育的支援」（支援の方法論・枠組み、専門性の枠組み）研究の整理を一定程度反映するとともに、これまでも論究してきた「"第三の領域"としての子ども・若者支援」という観点から、ターゲット支援に限定せず、「A.青少年育成的側面」つまり子ども・若者誰もがアクセスできるユニバーサルな仕組みづくりを含めての専門的能力を検討している。

3.　サンプル版の概要と活用例

3.1　概要

　サンプル版は、子ども・若者支援に関わる人たちの「共通基礎レベル」の知識と方法論、大切にすべき価値についての養成・研修テキストの試案として作成された。
　サンプル版作成の趣旨は、第8章でも示したが、概要は以下の通りである。
・支援者の専門性に関する「共通基礎」的内容を中心とする養成・研修テキストの試行版
・支援の方法論、専門性の枠組み研究の整理を一定程度反映した表「ナレッジとスキルの要素（試案）」（表9-5）に即して作成
・ターゲット的支援を中心に作成
・支援の現場において明確な枠組みを持った養成・研修教材やカリキュラムが不十分な現状を踏まえ作成

　サンプル版は、内容的には共通基礎レベルであるため、マネージャーレベルで学ぶ「Ⅳ　マネージメント・運営力」を省いた構成、ならびにターゲット的支援に焦点化しているため「B.青少年支援的」側面を中心とした構成となっている。そのため、表9-5のⅠ-0、Ⅰ-1、Ⅰ-2、Ⅰ-3、Ⅰ-4、Ⅰ-5、Ⅰ-B-1、Ⅱ-1、Ⅱ-2、Ⅱ-3、Ⅱ-B-1、Ⅱ-B-2、Ⅱ-B-3、Ⅲ-1、Ⅲ-2、Ⅲ-3、Ⅲ-4の17単元から構成されている。

3.2　活用例

　サンプル版の活用にあたって、下記のように取り扱うことができる。

表9-6 「ナレッジ」と「スキル」の要素（試案）から（B. 青少年支援を中心として）

コンピテンシー	単元　B. 青少年支援的（就労支援、ニート・ひきこもり・不登校支援など）	時間数（h）	合計
Ⅰ　子ども・若者支援の課題把握	Ⅰ－0　子ども・若者支援の従事者の専門性と役割（オリエンテーション）	講義2h	22h
	Ⅰ－1　子ども・若者をめぐる歴史・子どもの権利・法・文化・取り組みなどの概要の理解 Ⅰ－2　子ども・若者支援の基礎概念（居場所、自尊感情、対話、自立）の理解 Ⅰ－3　子ども・若者支援をめぐる現代的課題（不登校、ひきこもり、発達障害、児童虐待など）の理解 Ⅰ－4　海外の動向を踏まえた、"第三の領域"としての子ども・若者支援の理解 Ⅰ－5　子ども・若者支援の福祉的側面の理解	（講義2h＋演習1h、I-5：演習2h）×5単元＝16h	
	Ⅰ－B－1　子ども・若者支援における医療的支援（発達障害、精神疾患とその支援）	講義2h＋演習2h	
Ⅱ　支援の方法論の把握・活用	Ⅱ－1　子ども・若者と出会い、向き合う（居場所と対話・自尊感情に関する理解を踏まえた対応） Ⅱ－2　集団・コミュニティ形成を志向した支援（主体性を尊重する支援方法） Ⅱ－3　リフレクションの展開、ケース記録などの作成・整理	（講義2h＋演習2h）×3単元＝12h	24h
	Ⅱ－B－1　心理アセスメント、カウンセリング、心理療法（サイコセラピー）の技法 Ⅱ－B－2　困難を抱える若者に対する自立までの継続的な支援 Ⅱ－B－3　家族支援、ペアレントトレーニング、オープンダイアログ	（講義2h＋演習2h）×3単元＝12h	
Ⅲ　社会性・寛容性、連携力	Ⅲ－1　関係者、支援者や学校などの機関との連携やネットワークの構築・活用 Ⅲ－2　児童虐待等の早期発見、ならびに児童相談所等の関係機関と連携した対応 Ⅲ－3　事例研究会の実際（事例対応のためのケース会議の開催と運営に関する理念・技法の把握） Ⅲ－4　事例研究の実践に学ぶ	（講義2h＋演習2h）×4単元＝16h	16h
Ⅳ　マネージメント・運営力	Ⅳ－1　総合調整と人材育成、ノウハウ蓄積・共有 Ⅳ－2　事業の公共性の維持 Ⅳ－3　運営基盤と経営能力	アドバンスト・レベルで展開	－
計		62h	

時間数は次の通りとする（表9-6参照）。

・コンピテンシーⅠ：Ⅰ－0はオリエンテーション的位置づけで講義2時間、Ⅰ－1からⅠ－4は、一単元につき講義2時間、演習1時間とする。Ⅰ－5とⅠ－B－1は、福祉と医療に関わる演習時間を多くし、講義2時間、演習2時間とする。

・コンピテンシーⅡとⅢ：方法論的要素が強いため、一単元につき講義2時間、演習2時間とする。

以上で、17単元62単位となる。

○養成プログラムとして

大学での授業等では、前期（15〜16回：30〜32時間）の2単位、後期（15〜16回：30〜32時間）2単位の授業構成である。前期では、Ⅰの7単元とⅢ−1、Ⅲ−2の計9単元の課題と連携の把握までを想定する。演習では、先行研究分析、資料分析・検討を中心にグループワークを展開する。

後期では、Ⅱの6単元とⅢ−3、Ⅲ−4の計8単元の方法論の活用と事例研究について学ぶ。演習では、各種技法のトレーニング、ロールプレイ、事例検討、関係機関訪問調査などを通じて実践的スキルを学んでいく。

○研修プログラムとして

時間数は、養成プログラムと同じである。第8章の参考資料1で紹介した「ユースアドバイザー養成講習会」に準じた形で1回4時間程度の枠で下記の例のように実施することができる。

第1回：Ⅰ−0、Ⅰ−1（講義・演習）……5時間
第2回：Ⅰ−2（講義のみ）、Ⅰ−3（講義のみ）
第3回：Ⅰ−2・Ⅰ−3（演習のみ）、Ⅰ−4（講義・演習）……5時間
第4回：Ⅰ−5（講義・演習）
第5回：Ⅰ−B−1（講義・演習）
第6回：Ⅱ−1（講義・演習）

以下、各回単元一つを実施し、第15回：Ⅲ−4（講義・演習）で終了する。場合によって、第16回を、振り返りの演習とすることも効果的である。

4.　Zoom版ラウンドテーブル：2020年5月

サンプル版（2020年3月末作成）の合評会として、新型コロナ感染防止対応のためZoom版ラウンドテーブルが同年5月24日（日曜）に開催され、九州から北海道まで40数名の参加があった。

子ども・若者支援専門職養成研究所「2020年5月24日　ラウンドテーブルの実施報告」（櫻井裕子整理）から、論点等を紹介し、子ども・若者支援に携わる専門性についてさらに考えていきたい。

4.1　報告の概要

　ラウンドテーブルでは、三名の執筆者にそれぞれ担当箇所を中心に報告してもらった。

報告1：櫻井裕子（奈良教育大学）……心理的側面を踏まえ子どもとの関係性を
　　　　探る

報告2：津富宏（静岡県立大学）……若者の自立を問い直しつつ連携のあり方を
　　　　探る

報告3：大村惠（愛知教育大学）……人格形成に視点を当て、教育的・集団的ア
　　　　プローチを探る

●櫻井裕子「心理的側面を踏まえ子どもとの関係性を探る」

　サンプル版「Ⅰ−3子ども・若者支援をめぐる現代的課題の理解」と「Ⅱ−1子ども・若者と出会い、向き合う（居場所と対話・自尊感情に関する理解を踏まえた対応）」についての報告であった。

　本報告では、不登校・ひきこもり支援を行っていく上で必要となるであろうと考えられる基礎知識とともに、不登校・ひきこもりの背景要因として、発達障害や虐待・DV、貧困などの問題も伝達する必要があると報告された。また、子ども・若者の居場所を形成していく上で、必要となる支援者の態度や関わり方についても話された。

　参加者からは、「居場所」の構成要因として、物理的空間と時間だけでなく、他者との関りやその質が重要であるということは、実践現場に携わる参加者からはとても共感できる内容として受け止めることができたとの意見が多く聞かれた。また、多様な背景を抱える児童生徒が増加している中で、義務教育段階における社会教育的な支援について考えていく視点を持つことが重要である、との意見も散見された。

●津冨宏「若者の自立を問い直しつつ連携のあり方を探る」

　サンプル版「Ⅰ−5子ども・若者支援の福祉的側面の理解」「Ⅱ−B−2困難を抱える若者に対する自立までの継続的な支援」「Ⅲ−1関係者、支援者や学校などの機関との連携やネットワークの構築と活用」についての報告であった。

　新自由主義による緊縮財政下において、縮小する家族福祉や障がい者福祉、児童福祉、若者の就労支援などの現状と問題点（申請主義や縦割り行政など）や、脱工業化社会における自立のための多様な依存先確保の困難さ、支援団体においてより良い連帯を形成することの重要性について報告された。

　本報告について、協力者を増やすために緩いメンバーシップを持つことが大切だということや、自立支援に関して「自立とは、自重を支える多くの支点を獲得すること

である」という定義について、とても共感できるとの意見が多くの参加者間で聞かれた。また、支援者間や支援者−被支援者間におけるコミュニケーションをどのように定義し、どの様にスキルとして獲得していくのかについても議論が行われた。

●大村惠「人格形成に視点を当て、教育的・集団的アプローチを探る」

　サンプル版「Ⅱ−2集団・コミュニティ形成への支援―主体性を尊重する支援方法―」「Ⅱ−3リフレクションの展開、ケース記録などの作成・整理」「Ⅲ−4事例研究『NPO法人いまから』の実践に学ぶ」についての報告であった。

　本報告では、主体性を尊重する支援とは「集団への参加」「関係性の形成」「発達の保障」という過程・プロセスへの支援であると提案し、子ども・若者支援におけるプロセスの中における集団形成から地域づくりまでつながる支援の事例が紹介された。

　また、多様な支援者像（ボランティア、関連領域従事者、専門職など）をどのようにとらえ、特にアマチュアレベルの支援者をどのように支えていくかについて検討、議論された。

　加えて、支援における見立てそのものが感受性（センス）の中核にあるのではないかと提案し、“感”や“センス”とはどの様なものなのか、どの様に獲得、養成されていくのかについても議論、検討が行われた。

4.2　質疑（コメントカードを含む）の概要

●櫻井裕子「心理的側面を踏まえ子どもとの関係性を探る」

・今後の研究として、オンラインおける学習や学活、様々な活動の参加といった行為を、どう評価し、どのように「多様な居場所」として捉えていけるのかという点が明らかになると、ガイドブックとして読み手の実践的なニーズに応えられるのではないか。

・実践現場では、ゲームやオンラインの対応について悩むことが多いため、「ネットゲーム依存」をどうとらえるかについて加筆をしてほしい。

・居場所においては、「子ども扱いしない」という対等性の担保という点や、“ただ居る”という「居場所における身体性」という事についても今後大切になってくるのではないか。

・「学校は民間支援団体の介入に慎重」という話があったが、高校生段階では民間支援団体が学校に入り込む実践が見られる様になってきているため、公立小中学校と高校段階等、各段階における現状について細かく見る必要があるのではないか。

●津冨宏「若者の自立を問い直しつつ連携のあり方を探る」

・支援する側として今後、どのように体制を維持していくかが大きな課題である。

・「自立」＝「多くの支点の獲得」「依存先を手に入れる事」という定義についてもっ

と知りたい。「自立」というよりは、「自立するための手段の一つ」と個人的には考えているがどうなのか。

・子ども・若者の育ちを支える際に、他機関との連携の必要性をなぜ、どのように感じているのか、どの点に注意が必要と感じているのか、どう「連携・ネットワーク・連帯」を生かす可能性を、あるいは限界を感じているのか、を整理して示すとなおよいのではないか。

● 大村恵「人格形成に視点を当て、教育的・集団的アプローチを探る」

・センスについて、どのような視点を持つことが感度を高めるのか等が文章化されていると、支援者の学びの指針にもなるため大変ありがたいと感じる。

・ガイドブックの中では、「センス（感受性）」は専門的能力として扱われているが、それには個人差があると考えられる。そこで、支援者個々の事情を踏まえたうえで、外部からの介入（＝支援者への育成）のあり方を考える必要があるかもしれない。

・センス・感受性について、確かに支援がうまくいくか、被支援者と良好な関係が築けるかについてはそういった要素があるのかなと思いました。一方でもっと詳しくセンスという言葉の示す中身、実例などを知りたいなと思いました。

・「子どもにやさしいまち」をブックでも取り上げ、子ども若者支援における一つの基準とするならば、理念説明・価値共有も必要だと思いました。1章の子どもの権利の欄にて解説を加える方法もあろうかと思います。

4.3　小括

　質疑では、関係性、自立、居場所、支援の位置づけ、支援者の重層構造、専門的能力の一環としてのセンスの意義とその形成、子ども・若者の権利と子ども・若者支援の課題、連携と地域協働・協同などがキーワードとなってやりとりがあった。その中で、①子ども・若者の権利と居場所の保障について、②支援をどう見るか、ならびに連携のあり方（支援の重層構造）、③センスとは何か、などが主な論点となった。

　サンプル版の枠組みとして、「『ターゲット支援』の共通基礎ということであったが、その点においては現在の実践の現状や背景に結びついたまとめであり、構成としては概ねこれでよい」という意見がある一方、4.2質疑での指摘にみられるように、補充すべき点、演習的内容をどう盛り込むかなどの補完すべき課題が明らかとなった。

　また、養成・研修の過程において、子ども・若者支援に関わる共通基礎的な知識と方法論とは何か、その理解を踏まえ運用・展開のシミュレーションをど

のようにするのかという点が、上記のキーワードと関連してさらに追究されるべき課題である。

　次節では、このラウンドテーブルで大きな話題になったセンスについての考察を試みる。

5.　センスについて

5.1　ユースワークの取り組み

　センスは、子ども・若者支援専門職養成研究所の取り組みの中で、支援に関わる者の専門的能力の四要素（ナレッジ・スキル・マインド・センス）の一つとして問題提起された。「社会的ニーズを発見するなど、状況の要請に対する必要な感受性」と暫定的な定義づけがされている。センスは、子ども・若者支援の取り組みの中において、自己の生活歴や経験などを背景に、養成段階や研修で学んだことを踏まえつつ、目の前で起きている事象をどう読み解き対応し実践するかというポイントにもなっている。

　ユースワーカー全国協議会（準備会）編（2019）『ユースワークって何だろう!?～12の事例から考える～』（ワークブック）では、青少年センターなどの若者施設での「ワーカーの役割と能力」として、下記の点が挙げられている（4頁）。

　　　＊若者と直接関わり信頼関係を構築する能力。
　　　＊自らの感情を用いてワークを行う能力。
　　　＊全体の文脈に適した場づくりを行う能力。
　　　＊非定型的な関わりの場をワークにつなげる能力。
　　　＊人と他者や組織とをつなぐコーディネートの能力。
　　　＊若者を巡る課題、若者の思いを感じ取るアンテナ（感受性）を持つこと。

　これらの能力を、ケースの状況に応じて、対応を判断し行動することが求められる。その際に、センスは、上記の表現では特に「若者を巡る課題、若者の思いを感じ取るアンテナ（感受性）を持つこと」をベースにした能力であるといえる。

　なお、ユースワーカー協議会のワークブックは、第8章第4節で述べたとお

り、12の事例について、判断と対応を考え合い、その背景にあるワーカーの能力、それを形づくる「ナレッジ、スキル、マインド、センス」の育成を図ることが目指されている。以下では、「即興」「教育的タクト」「自分の“ものさし”」という視点からセンスを考えていく。

5.2　「即興」(Improvisation)

ユースワークにおいて検討されている専門的能力であるセンスは、即興と近いものがある。ドイツのヴァルター（Uta M. Walter）によれば、即興とは、「事前の準備なしにその場で創られるもの」（Walter 2017: 160）である。『省察的実践家』を著したショーン（Donald Schön 1987: 13）はより詳しく、「専門的実践は、問題を枠取るわざ（技芸 art, Kunst）、物事を実現するわざ（技芸）、即興で行うわざ（技芸）を必要とする―これら三つすべてが応用科学と技術を実践に転換するためには必要不可欠である。」と述べている。即興が理論・技術を実践に転換する上での能力とされている。なお、ヴァルターによれば、90年代中頃から、組織・教育科学の専門文献において、即興を概念として研究し活用する論文が登場するが、ドイツの子ども・若者支援関係では、「専門文献にはその概念はこれまでほとんど見当たらない」（Walter 2017: 160）状況とのことである。

即興については、演劇教育などの中でも取り上げられているポイントを敷衍して、○計画と行動の同時性、○再生産と転換、○間をおかずに展開する点が指摘されている。特に、再生産と転換に関わって、ブルデューが指摘するように個々人の文化的・社会的生活は、内面化された思考・行動構造（Habitus）に規定されたものであるため、それを踏まえつつ状況・場面に応じた転換をしていくのかが大きな課題であり、また間をおかずに展開する点についても「即興は、創造的・遊びの力として見られ、すべての人間に既に内在化しているが、しばしば馬鹿げているあるいはできないのではないかという不安によって阻害される」（Walter 2017: 162）。

こうした点を踏まえて、子ども・若者支援などでの「即興の省察のための質問」として次の点をヴァルターはあげている（Walter 2017: 172）。

・どの行動やリアクションが（あらかじめ）計画され、どれが（どの時点から）即興で行われたか？
・どの“提供”が相互作用の中で受け入れられ、どれがそうならなかったか？

・どの程度、即興がうまくいったか。すなわち、よい即興の基本原則や総合社会活動の基本原則に対応していたか？
・どのような内面化された知・行動構造に、即興の際に依拠していたか？
・これらの内面化された知・行動構造はどこに由来するか？
・どんな普段の受容あるいは行動様式が即興の中で再生産されたか？　それは意図的か、非意図的か？
・どんな受容あるいは行動様式が、即興の中で変化したり変容したりしたか？　それは意図的か、非意図的か？

　つまり、場面対応における振り返り・省察において、内面化された思考・行動構造（Habitus）との関連やその変容を問い返すことを踏まえて、自らの採った対応の客観化・言語化につなげようとする。

5.3　「教育的タクト」

　子ども・若者支援領域において検討されている専門的能力であるセンスは、学校教育で使用することの多い「教育的タクト pedagogical tact; pädagogischer Takt」とも関連する。教育的タクト[2]は、ヘルバルト（1776-1841）の『最初の教育学講義』（1802）において教師の重要な資質として位置づけられている。授業や生徒指導などの場面において「すばやい判断と決定」（伊藤 2018：95）及び対応が求められるように、理論と実践をつなぐ媒介項的な教師の資質能力である。しかし、「言語化定量化が困難」（村井 2014：185）なものでもある。
　村井尚子（2014；2019）は、ヴァン＝マーネン[3]の研究を通じて、教育的タクトの四つの構成要素として「教育的敏感さ」「教育的感覚」「教育的判断」「教育的行為」を下記の通り紹介している。

　・教育的敏感さ：教師は、子どもの「内的な思考、理解、感情、欲求を身振りや顔つき、表現、ボディランゲージと言った間接的な手がかりから解釈する」。

2　タクト（tact; 独Takt）は、「拍子」、「触れる感覚」、「適切なことへの機敏で繊細な感覚」などを意味し、他者との関係性における思いやりや判断力などを指す（詳細は、村井尚子〈2014〉）。
3　van Manen, Max（1942- ）は、カナダの現象学的教育学者。

- ・教育的感覚：「特定の子どもや子どもの集団との具体的な状況において内気、葛藤、興味、障害、柔軟さ、ユーモア、試練のもつより深い意義をどのように解釈するかといった感覚をもつ」。
- ・教育的判断：「タクトのある教育者はある状況にどのくらいの距離で入るか、個人の周囲の事情を守るための距離はどの程度かをほとんど自動的に知ることを可能にする基準、限界、バランスのよい感覚をもっている」。
- ・教育的行為：「タクト豊かな教師は、子どもの本性と情況への鋭敏な教育学的理解に基づき、どのような行為が正しい、あるいは善いかを即座に感知する能力を持っている」。（村井 2014：187）

　つまり、「タクト豊かな教師は子どもの内面を解釈する<u>敏感な感受性</u>をもち、その内面が心理的社会的に<u>どのような意義をもつか</u>を解釈した上で、その時点での望ましい子どもとの<u>距離の取り方</u>を測りながら、子どもにとって<u>善い行為を行う</u>のである」（村井 2014：187；下線筆者）。

　例として村井（2014：185, 187-188）は、ヴァン＝マーネンから次の事例を引用している。

◎タクトに欠けると考えられる教師
　事例1：生徒にとっての善よりも自らの立場を守ることを重視する校長
　事例2：盲目的にルールを適用しようとする教師

◎タクト豊かなふるまいをしている教師の事例
　　ある学校を訪れ、教師とともに彼女の教室へと入って行った。彼女が非常に有能に動き回るのに私は驚いた。訪問者として私が、この場所になにかしらのなじみのなさとぎこちなさとを感じているうちにも、彼女は机にぶつからないようにしながら机の間を回り、教室に入ろうとしている生徒の為にドアをあけてやり、あれやこれやのことをやりながら次々と生徒と話をしている。そして同時に彼女はクラス全体を調和させて行っていることに私は気づく。全てのグループに注意を向けさせ、そうするために努力を要していないように見えるまったく注意を引かない確信に満ちた、容易なやり方で授業を進めて行く。彼女は教室の中を歩き回り、静かな身振りで生徒を鼓舞し、ここで止まってはあそこで中断し、なんらかの動揺や質問に対応して、といったように。

　このタクト豊かな教師の実践は、「実践的な知（practical knowledge）」が教師

の身体に埋め込まれており、「タクトは身体知＝実践知」であるが、他方、「教師としての生徒や生徒たちへの働きかけ、対応について、一日の終わりに省察（リフレクション）することが思慮深さの涵養へと繋がり、上記の教育的な敏感さ、教育的感覚、教育的判断、教育的行為をより深めていくことによって教育的タクトの豊かさを高めていくと考えられている」（村井 2014：188）。

　ユースワーク領域での「ワーカーの役割と能力」のセンスに関する部分は、ヴァン＝マーネンの教育的タクトの四要素ともつながる点がある。すなわち、「若者をめぐる課題、若者の思いを感じ取るアンテナ」としての敏感さ・感受性と若者をめぐる課題・思いを含めた判断を踏まえて、ワークや場づくりの行為を行うのである。

　そしてその行為について、集団的にそしてまた個人的に省察することを通して、センスの豊かさを高めていくことになる。

5.4　ケアにおける「自分の"ものさし"を知ること」

　鋭敏さ、感覚、判断、行為に関わっているセンスは、第1章2.2ケアをめぐる考察で紹介した山﨑勢津子（2019）が「ケアする人の基本的姿勢」で指摘する「自分の"ものさし"を知ること」とも深く関連する。

　　「ケアする人は、ケアのプロセスで生じる自分の感情をある程度モニター（客観視）できなければなりません。そのためにも自分の"ものさし"を知っておく必要があるのです。ここでいう"ものさし"とは目の前の相手や出来事を測るための基準を意味しています。価値基準や判断基準という表現もできます。これらは多くの場合、それまでの経験、すなわち育ってきた環境、出会った人々、個人の嗜好などによって形成されています。」（山﨑 2019：87）

　この"ものさし"、別の表現では自分自身が持つ価値基準あるいは判断基準は、センスの構成要素の鋭敏さ、感覚、判断、行為の基準ともなる。自分が他者の表現、言葉、行為などに対してどのような解釈をする傾向にあるのか、また特定の場面や状況においてどういう言動や距離の取り方をする傾向があるか、そして偏りがあるかを知っておくこと、つまり自らの価値基準や判断基準とそれに基づく言動の傾向を把握しておくことはとりわけ対人支援において重

要である。

　この点はまた、他者のものさしについての理解につながる。山﨑（2019：88）は、「お金の話、恋愛の話、家族の話、学歴の話など、人生におけるさまざまなテーマにおいて、ケアする人がどのような自分のものさし、あるいは偏りを持っているかを知っておくことは、相手の話を見聞きする際に役に立ちます」と述べている。そしてさらに、センスを磨き、自分のものさしを客観視したり多様な観点から検討することを通じて、ものさしは常に変わり続け、「自分のものさしと他者（あるいは社会）のものさしとのずれを知り、すり合わせができる部分とそうでない部分を学び、成長していくのです」（山﨑 2019：90）と続けている。

　このようなセンスの成長、自己のものさしの検討の例として、山﨑（2019：87）は病院実習のスタート時に、<u>実習生にものさしについて考えてもらうための質問</u>として、「あなたが病棟に行った時に、知らない患者さんが駆け寄ってきて『僕、来週、退院することが決まったんですよ』と言ったとします。あなたはどんな言葉をかけますか？」をあげている。

　「退院＝良いこと」という基準しか持てないでいる場合、「良かったですね」と対応することが多い。しかし、患者が不安いっぱいで実習生に話を聞いて欲しかったかったとすれば、「良かったですね」と言われてしまうと、話したかった不安について話せなくなるかもしれない。こうした状況も想定しながら対応できるかどうかが問われている。山﨑（2019：88）は次のように指摘している。

　　「世間一般には『入院＝その人にとって良くないこと』、『退院＝その人にとって喜ばしいこと』といった漠然とした価値基準があります。それが個人のものさしに影響を及ぼし、その人自身はよく考えないままそれを採用しています。（中略）自分のものさしについて無自覚だと、"相手を知ること"が妨げられる場合があるからです。（中略）かなり意識しないと難しいし、多くの人や物事と出会って、すり合わせをすることで、ようやく薄ぼんやりと見えてくるものです。」

　この退院をめぐる応答は、自分のものさしを批判的に別の視点から考える機会となるとともに、この患者の発言の背景にある思い・不安や患者をめぐる課題、たとえば看護師や医療関係者に対する「社会的ニーズ」（退院をめぐる説明をし、話をもう少し聞いてほしいなど）に考えをめぐらすことができるかどうか

という点と関わっている。

　この点に関連して、子どもの自由な遊び場・居場所として知られている「川崎市こども夢パーク」を管理委託により運営している西野博之（2006：202-209）も、「居場所のスタッフ心得十五ヵ条」のひとつに「自分の『ものさし』を疑おう」をあげている。「ひとが生きてきた時代や環境、文化のなかで、手に入れてきた『正しさ』」や座標軸、ものさしを疑ってみることで、「自分自身の感情がコントロールでき」、「目の前で起こっていることを受け入れていく幅が、少しずつ広がってきたように思う」と述べている。

　自己の持つものさしの再検討は、「即興」で紹介した思考・行動構造（ハビトゥス）とも深く関わっている。

5.5　ワークブック『ユースワークって何だろう!?〜12の事例から考える〜』の事例から考える

　第8章第4節で紹介したワークブックの事例から「普段から喫煙をしている常連の中学生グループとの関わり」について考えてみよう。この事例の場面について、四名のワーカー（T, Y, S, K）が対応をそれぞれ示しているが割愛する。

　朝の開館作業中、センター駐車場に設置されている監視カメラに中学生グループのメンバー3人が写っている。喫煙している様子だったので、ワーカーが駐車場に様子を見に降りていった。

　ワーカーが「おはよう」と声をかけると中学生たちは「ん。」と返事をするも、たばこを隠すそぶりもなく、そこら中に唾を吐きながら、喫煙を続けていた。唾吐き行為と喫煙を制止しながら、ワーカーが「以前から言っている様に喫煙はよくないよ。それに、今は授業中だよね。どうしたの？」と声をかけるも反応はなく、喫煙や唾吐き行為を続けた。

　ワーカーの対応の提示を踏まえた解説では、事例において「中学生の喫煙」「施設をわざと汚す」「登校時間に来館している」点をどう捉えるかという観点を示した上で、概略すると次のように整理している。

　　・ワーカーTとYは、中学生たちが「無視して喫煙を続ける」理由について思いを巡らせている：「仲間への意識か」「ワーカーへの試し行動か」「注意をされ

るのが分かっているのに来館するのはきっと構ってほしいからだ」等。……背
景・社会的ニーズの発見

・ワーカーTとYは「〇〇しなきゃダメ」ではなく「私はこう思っているんだけど」
というI（アイ）メッセージによる対応（コミュニケーション）を試みている。
……コミュニケーション

・ワーカーSとKは、中学生たちを「観察」しながら、効果的な声掛けのタイミ
ングをうかがっている：誰に、いつ、どのように声をかけるのがよいか考え、「一
人になった時」や「ワーカーからの問いかけに反応しそうな中学生」に対して、
別の話題などを用いながらコミュニケーションをはかっている。……コミュニ
ケーション

・4人のワーカーは、中学生たちの喫煙行為や唾吐きを誰も見て見ぬふりをして
いない：どうしたら「話ができる状況」になるのかを考え、様々な方法で語り
かけている。……コミュニケーション

・ワーカーが所属する4つのチームは、中学生がそれぞれ自分から「喫煙を止め
られるように」「施設を汚すことを止められるように」「汚したら片付けられる
ように」と、「中学生自身の気づきを促す」ことを対応の目標として共有し、
そこに向かってワーカー個々のスキルやセンス、若者との関係性を生かした対
応をおこなっている。……チーム対応

・「登校時間に学校に行っていない」ことについては、ワーカー個々の経験や価
値観が対応に影響する。「学校に行くべき」「行った方がよい」「行かなくても
よい」などに自分の「学校に対する価値観」があらわれている。また、「汚れ
ている」ことの感じ方も人それぞれである。それぞれに正解はないが、「自分
はこう考える傾向がある」ということを日頃から意識し振り返るとともに、普
段からチーム内で各々の傾向を話し合って、考え方を共有しておくことで、
ワーカーそれぞれの個性を活かした「チームとしてのユースワーク」が充実し
ていく。……チーム対応、自己のものさしの共有・検討

　ワークブックは、事例を使った研修教材である。それぞれの対応に必要なナ
レッジ、スキル、マインドを出し合い検討するとともに、その場面でのセンス
を問うことにもなる。
　事例は、未成年の喫煙や飲酒など、いわゆる「反社会的行為」にどのように
対応していくかがテーマとなっている。喫煙や飲酒についての基本的な知識・
理解（ナレッジ）を踏まえつつ、対応におけるスキルとしてのコミュニケーショ
ンの取り方や関係性の保持などがある。また、中学生の言動の背景にある思い
や社会的ニーズに気づきを広げ、その上で彼らとの距離感や言葉かけの選択が

ある。
　また、ブルデューのハビトゥスや山﨑のいう“ものさし”とも関連するワーカー自身のものの見方の傾向性をチーム間で出し合いつつ、ワーカー個々人のセンスを踏まえたチーム対応をしていくことの重要性も指摘されている。

5.6　小括

　センスについて、私たちの研究では「社会的ニーズを発見するなど、状況の要請に対する必要な感受性」と暫定的な定義をし、対応への“見立て”と実践を考察しようとしている。それは、子ども・若者との取り組みの場面における「すばやい判断と決定」と対応が求められることでもある。本論では、「即興」「教育的タクト」「ケアにおける“ものさし”」の観点、ならびにユースワークの事例から検討を行った。自らが選択した“見立て”自体の問い返しや判断の「成解」、その判断に至った経緯と背景を問い返す重要性が指摘されている。そこから、次のように整理することができる。
  ・（状況の要請）クライアントのニーズ・感情や置かれている状況を把握しようとする感覚を持つ。
  ・（必要な感受性）クライアントの内的な状況やその表現への敏感さを持つ。
  ・（判断）クライアントととの距離感、対応のバランスの判断を行う。
  ・（成解）即座に、実践場面におけるその場にふさわしい対応を行う。
  ・（社会的ニーズの発見）子ども・若者支援の具体的な場面における当事者の背景や求めているもの（ニーズ）に想いを致すことができる。
  ・（チーム対応）自らの生活歴などのハビトゥス、学んできたナレッジ・スキルの枠組みを問い返す。
　対応後の振り返り・省察が大切であり、内面化された思考・行動構造（Habitus）との関連やその変容を問い返すことにつながる。それは、自らの採った対応の客観化・言語化であり、ケアと支援に関わる者にとって基本的な姿勢として重要である。それは、学びの言語化による個人的かつ集団的成長であり、次の三つの意味（学びの把握、学びの深化、学びの伝達）がある（山﨑 2019: 62）。

  ・「人は学んだことを言葉にするまで、自分が何を学んだのかをきちんと把握することはできない」。自らが紡いだり、人の意見を聴くことにより得られる多くの言葉は発想のバリエーションを増やしてくれる。

・「学んだことを外に表現することで、学びを整理し深めることができる」。それは、「外への表現であると同時に、まさに"自分との対話"」である。
・「学んだことを伝えてこそ、私たちは専門家である」。これから育ってくる人たちへの学びのリレー（受け渡し）ともなる。

　「即興」「教育的タクト」「ケアにおける"ものさし"」およびユースワーク事例の検討から、「状況の要請」「必要な感受性」「判断」「成解」「社会的ニーズの発見」「チーム対応」をキーワードとして抽出した。そして実践に即しての対応を省察し、自分自身の思考・行動構造ならびに判断基準としての自身の"ものさし"の再検討、対応の客観化・言語化が学びの整理・把握・深化において重要である点が指摘されていた。

6.　まとめ──「集合的な専門性」──

　サンプル版作成、ならびにワークブック『ユースワークって何だろう⁉』をはじめとする子ども・若者支援の専門性探究は、具体的な教材づくりの段階に入っている。その前提となる枠組みについても、ナレッジ・スキル・マインド・センスの四つの専門的能力を整理しつつ検討が進みつつある。
　ナレッジ・スキル・マインドを中心とする研修教材作成と並行して、センスに関わる議論をすることも重要である。センスは、当事者やその場の状況において、当事者やその場の状況の背景などの把握を含めてどのような対応をすべきかの感覚と見立てという意味合いである。これは、現場のワーカーからナレッジ・スキル・マインドだけでは対応できないことが多く、その場にいる子ども・若者の状況を見立てて対応することが重要で、その見立ての傾向性やそれに即した対応のあり方についてワーカー相互に話し合う機会が大切である。それは、第１章2.2のケアにおいて「場と環境」が個人のケア意識、つまりケアの醸成と支援者の教育とがつながっているという指摘と通じている。
　この点に関連して、本研究において、2015年度日本社会教育学会６月集会でのプロジェクト研究報告「若者と関わるスタッフ（職員）の専門性のあり方（分析まとめ）」（水野 2015a）で提唱された概念として「集合的な専門性」がある。これは、「専門性をワーカー個人の能力の問題に収斂させない考え方」である。その背景には、「個々の職員が個別に専門的能力を持っているだけでは、職場

組織・チームとしての専門的能力に直結しない」(水野 2015b) 状況がある。

　つまり、「組織・団体の目的観 (例えば、"若者が生きやすい社会づくりを目指す"といった) を内在化させつつ、若者を巡る社会的課題や若者のニーズについての知識と感受性を持ちながら、若者との関わりのスキルを駆使して課題に立ち向かう職員像であり、それを職員個々に担わせるのではなく、組織として絶えず共有・評価し続ける中で維持していく、集合的な専門性を確立する」ことを含意している。「職員固有の能力・技能が『職場チーム』の力としてマネージメントされることで、全体としての専門性が担保されるように位置づけ」ることである (水野2015a)。

　このような中で、個々の支援者・ワーカーのナレッジ・スキル・マインド・センスの向上を全体の取り組みの中に位置づけようとする (図9-3)。

　以上から、センスの小括でも指摘した通り、「チーム対応」による「実践に即しての対応の省察」、「自分自身の思考・行動構造ならびに判断基準としての自身の"ものさし"の再検討」、「対応の客観化・言語化」という点が大切である。また、その中で第1章2.2でも指摘した、「ちょっと待つ」ことによる自分の言葉や行為を振り返る間や雰囲気を大切にすること、外部との連携など多様性を取り入れることなどの工夫も大切になってくる。

　本研究で作成したサンプル版やナレッジ・スキルの表に即した学びも基本として大切ではあるが、演習や実習などを通じて対話的な環境を経験し、場をケア的なものに創り変える取り組みの中でこそ、相互の学びが大きいといえる。

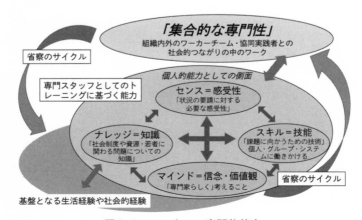

図9-3　ワーカーの専門的能力
—個人的能力としての側面と協同実践者としての側面から— (水野 2015a)

10 補論
social（社会的）な視点から見た子ども・若者支援

1. 二つの言葉：「社会が存在する」「人間の脆弱性」

　新型コロナウイルス対応に関する当初の海外の報道を見ていて印象的だったのは、次の二点である。

　第一に、「社会というものは、本当に存在する」。イギリスのジョンソン首相が、新型コロナウイルスに感染し、2020年3月末に自己隔離中に発した言葉である。これは、退職した医師や看護師が医療崩壊を防ぐために復職に応じたり、市民がボランティアとして活動したりした状況を受けてのことである。

　「社会など存在しない」。1987年、イギリスのサッチャー首相が総選挙で三選を果たした際の言葉として知られている。「あるのは個人とその家族だけだ」がこの後に続く。80年代に新自由主義と市場化を推し進め、自己責任や負担増が国民に求められる状況が日本の臨調・行革ともつながっている。

　この後イギリスでは、ニートを始めとして社会の不利益層の存在が大きくなり、1997年から労働党政権による「第三の道」の改革のもと、社会的排除対策室の設置やシティズンシップ教育の導入へと舵を切ることになる。その後、景気回復の中で、2010年から再び保守党の政権が続き、ブレグジット（EU離脱）を果たしたジョンソン首相のもとで今日に至っている。

　第二に、「パンデミックは人間の脆弱性を示しています」。この言葉は、ドイツのシュタインマイアー大統領がキリスト教の復活祭（イースター）を前に国民に向けに行ったテレビ演説（2020年4月11日）においてである。演説は、3月半ばから外出制限を強いられ、家族以外の三人以上が集まることも禁じられている市民に理解と協力を改めて求めたものである。

「おそらく、私たちはこれまであまりに長い間、私たちが不死身であること、物事はより速く、より高く、より遠くまで行くことができると信じていたといえます。それは誤りでした。」

「現在示されているのは、将来の発展が進みうる、いくつかの方向性です。一方では、それぞれが自分自身のために、ひじを張り、物を買いあさり、自分の利益しか考えないのか？　あるいは、他者のため、社会のために新たに起こっている関与・参画、まさに広がりつつある創造性と手を差し伸べようとする気持ちなのか？」

「人間の脆弱性」の再確認、これまで効率性と経済成長を追求してきた社会の流れを「誤り」ではなかったかという見直しと反省、民主主義と連帯・社会参加の重要性が語られているといえる。

　まだまだ先が見通せないが、ワクチンの開発・接種、医療、福祉、教育等の人間の生活を取り巻く社会的な基盤整備、市民一人ひとりが情報を得つつ連帯して行動し活動する民主主義の保障の重要性があるといえる。

2.　二つの言葉：“social”と“生活世界”

　上記の一点目に関わって、重要だと思うのは、“social”の位置づけである。コロナ禍のもとで“ソーシャル・ディスタンス”が話題になっている。これは、個人的な“パーソナル・ディスタンス”とは異なり、2m内外の物理的な、しかも標準化された間隔であり距離感である。その“ソーシャル”の意味するところは、人の存在は「人と人の間にある」という点と、距離を保つことで感染を防止する「公益性」があるという点である[1]。

　この“ソーシャル”の観点は、上記の第二点目の脆弱性と関わっている。つまり、人間は、自然界ではとりわけ弱い存在だからこそ、対立があったとしても、話し合ったり、行動を共にしたり、歌や演劇などの文化的活動を通じて人間的な営みを紡いできたのである。特に近代に入ってからは、伝統・身分・風習に囲まれた環境から、多様な人々が学び・働き・集う社会生活が営まれ、合理性の追求が中心となる社会へと変貌してきた。その中で、“ソーシャル”の

1　“social”の意味については第2章末尾の用語解説を参照。

重要性が人間の存在にとって重要となってきた。社会福祉、社会保障などが代表的なものである。ドイツの国是は「社会国家Sozialstaat」（welfare state 福祉国家）であり、国家のあり方として人権保障を踏まえた社会的な統合・包摂・支援が重要な側面となる。

　この第二点目と関連するのが、脆弱な人間存在の基盤となる「生活世界」である。生活世界は、直接的な仕方で経験している具体的な生活の場（記述的・現象学的概念）であり、社会制度が機能している舞台（歴史的・社会的概念）でもあり、人々がその中で権力、矛盾、対抗、承認をめぐり葛藤する場（批判的・規範的概念）でもある[2]。

　生活世界への着目は、"social"の登場と深く関連している。私たちの生活世界は、近代化・情報化の進行の中で、個別化するとともにニーズの多様化と消費化が顕著となっている。とりわけ1980年代以降の日米英を始めとする新自由主義的政策のもとで、パーソナル化と市場化の広がり、それに対する社会制度の後退が見られる。こうした生活世界が、新型コロナウイルス感染のもとで、「社会が存在した」という言葉の通りソーシャルな側面の大切さが強調されるとともに、保健、医療、介護、保育、学校などの社会資本の基盤強化の必要性が浮かび上がっている（高鳥毛 2020）[3]。

　こうした意味で人々の生活世界、社会をどう見るのかを personal（私的）— social（社会的）— institutional（制度的）の三つの視点から捉え、公共性との関連を問うことが重要である。コロナ禍のなかでテレワークを含め、時短労働を含め、多様な働き方の中で、ワークシェアリングをどう実現するのか、ベーシックインカムの可能性と経済的セーフティネットの強化に向けた検討が求められている。

　その際に、第2章第4節で指摘した通り、生活世界を補完する（生活世界を

2　Grunwald, Klaus/ Thiersch, Hans (2018): Lebensweltorientierung. In: Otto, H.-U./ Thiersch, H./ Treptow, R./ Ziegler, H. (Hrsg.): Handbuch Soziale Arbeit. Grundlage der Sozialarbeit und Sozialpädagogik. (6. überarbeitete Aufl.) München: Ernst Reinhardt Verlag, S.908-909.
3　日本科学者会議（JSA）連続Webシンポジウム「コロナウイルス禍が問う現代市民社会　第1回生物学・医学の視点から」（2020年5月30日）では、宗川吉汪「正しく恐れる　ウイルス感染とのつき合い方」、高鳥毛敏雄「国民の命を守る公衆衛生・医療のあり方」の二つの報告が次の点で通底していた。
○ワクチン、薬だけの対応では無理があり、免疫力を高める日常的な取り組みの重要性
○社会制度としての公衆衛生、健康保険制度などの仕組みの重要性

豊かにする、オルタナティヴ、選択肢がある）側面、生活世界を援護する（生活世界を支える、助ける）側面、生活世界を代替する（困難な場合、生活の場を代える）側面の三側面がある．それらの側面を支援するため、social（社会的）—institutional（制度的）な仕組みがあり、援護的・代替的な側面はソーシャルワーク、医療・保健などが大きな役割を果たす（第2章表2-2「総合社会活動の実践・課題分野」参照）。

3.　トリレンマ

　新型コロナウイルス感染防止への対応のもとで、三つの側面のトリレンマ（3つが同時に成立しない状況）が話題となっている。つまり、①「経済活動再開」、②「感染抑制」、③「プライバシー保護」のトリレンマである。津田大介（2020）は、「米国やスウェーデンは①③を取った結果②が犠牲になり、欧州諸国やニュージーランドは②③を取った結果①が犠牲になった。感染者と濃厚接触者をGPSなどで追跡し隔離を進めた中国や韓国、台湾などは①②を取って③を犠牲にした。（中略）日本のコロナ対策はいかにも曖昧だ。①②③すべてをそれなりの水準で『いいとこ取り』しようとしているのか、大失敗もしない代わりに効果が見えにくく、国民の不評を買う施策が連発されている」と述べる。このため、「アフターコロナのビジョンが描けず、不安定で感染リスクの高い就労環境に置かれる弱者と、テレワークで感染を防げる知識労働者の格差がじわじわ広がっている。」

　格差と自由をめぐる議論とともに、個人情報と監視をめぐる議論もある。個人情報を「感染症発生時や災害時など有事の際には使用できる」ようにする提案も具体的にされている。

4.　不登校支援の居場所での取り組み
　〈personal（私的）—social（社会的）—institutional（制度的）
　の三つの視点から〉

　筆者が関わっている、小中学生を主な対象とする不登校支援の「居場所ねいらく」においてもトリレンマが生じている。①「居場所の展開」、②「感染抑制」、③「一人一人の安心感の確保」である。

　コロナ禍以前は、①と③を確保するため、三つのスペース（しずか、まったり、集団活動：第6章図6-2参照）を大切にし、その子の状況に応じた居場所感を保障してきた。

　コロナ禍以降は、場所が大学構内にあったこともあり、②を最優先に2020年3月からの閉鎖を経て、①③の検討を進め、5月からZoomを使ったオンライン居場所と親の会の開催（土曜日午後）、6月末からは分散対面型居場所（火曜日午後）の併用を実施している。①を限定しつつ、②と③に対応しようとする取り組みである。オンラインに抵抗感がない子どもと、オンラインが苦手な子どもがおり、その分析をしつつハイブリッドな展開を行っている。

　オンライン居場所（櫻井裕子 2020a, 2020b）については、住田正樹（2003）の整理（第6章図6-1参照）で考えると、主観的に落ち着ける、抵抗感がないと思える子どもとそうでない子どもがいる。嫌だと感じる子どもの声は、「表情が見えにくくて怖い」「ビデオが映るのは嫌」「Zoomは自分には合っていないと感じた」などで、中学生に多く見られた。

　客観的な側面である関係性については、本人の希望で画面を隠して見ているだけ、も可能としている。リアル居場所よりも、単純化されたコミュニケーションであるため1対1の関係性が取りやすく、チャットやマーカーなどを使ってやっていることや指示が明示化できる点、一つの話題に焦点化できる点などが特徴的である。これらのポイントは、とりわけ発達障害を抱える子にとってメリットがある。

　空間性について、画面は共有し社会的つながりを保持しているが、画面を隠すことを含め選択できる点で個人的でもある。バーチャルな面があるが、個人の空間・生活圏に侵入してくることへの不安もある。居場所ねいらくの三つのスペースとの関連で考えると、その子の状況に合わせて自分で選択できてい

ると考えるのか、あるいは、「まったり」スペースのように少人数でそれぞれのペースで時間を過ごすことができていると考えるのかは分析する必要がある。

　personal（私的）―social（社会的）―institutional（制度的）の三つの視点で考えると、オンライン居場所の取り組みは、②「感染抑制」についてはsocial（社会的）な関係性に制約を加えることで、①「居場所の展開」についてオンラインを取り入れたハイブリッド化した仕組み・制度（institutional）とした。また、居場所をハイブリッドな形で開くことで、③「一人一人の安心感の確保」を行っているが、オンラインの場合には私的空間（personal）への侵入という側面を不安視する子どももいる。居場所は安心感と自分なりの感覚を大切にする場であるだけに、学校等で行われている機能化されたオンライン学習などの役割とは違った側面があると思われる[4]。

5.「社会教育的支援」はどう考えるべきか
―「補完性原理」の視点―

　ソーシャルに関わって、「社会教育的支援」はソーシャルな関係性と公益性の観点から「対話を踏まえた寄り添いや同伴、場づくりなどを通じて、当事者が問題解決の主体と成りゆく過程、およびそれを通した人格的な発達を支援する営み」（第2章5.1参照）である。第1章図1-4「支援をめぐる布置」から敷衍して考えると、困難を抱える側のエンパワメントをめざす拡大の方向性といろいろな関係者と連携をしながら協同していく多様性を模索する取り組みだといえる。

　そうした支援について検討する際に、人々の生活世界の多様性、たとえば父母の雇用契約の状況や個々人の経済的状況により生活時間や生活世界のあり方が異なっている中で、その把握を踏まえた生活世界の補完、援護、代替など介入のあり方が課題になる。この際に、こうした問題に関わる人（専門職や従事者）の位置づけが大きく、ケアへの視点と人的保障の視点が重要になる。「ソー

4　居場所とオンラインの研究に関わって、2020年度マツダ研究助成（青少年健全育成関係）に「不登校・ひきこもり支援におけるオンラインツールを使った居場所の可能性と課題に関する研究」（研究代表者：櫻井裕子）が採択された（研究期間：2021年4月～2023年3月）。

シャル」の視点をどう捉えるのかが大きな焦点となっていく。

　コロナ禍の中で、またコロナ後を見据えて、人権保障を基盤として、つまり個人の存在の確保と可能性の展開保障を基本に据え、先ほど紹介した「居場所ねいらく」でのトリレンマ対応に見られるように、各地の現場ではそれぞれの状況に応じた対応をめぐって模索が続いている。しかし、①「居場所の展開」については、財政基盤が弱く、また②「感染抑制」に対してより厳格に対応せざるを得ない、たとえば子ども食堂では、金銭面やスタッフの確保など厳しい状況にある。

　これに対して、social（社会的）の視点をどう考えるのかが大きな課題である。上記の現状では、social（社会的）な取り組みである子ども食堂などは、institutional（制度的）な助成金・補助金などを得て、あるいはボランティア的にpersonal（私的）な関係性で展開している。「居場所ねいらく」は、金銭的には奈良教育大学学長裁量経費の助成（毎年度申請）、スタッフ的には科学研究費補助金の助成金（現状では4年間）による研究員の確保というinstitutional（制度的）な仕組みを活用して展開できている。しかし、social（社会的）な問題への対応において、"第三の領域"としての子ども・若者支援の位置づけが明瞭でないため、地域の状況に応じたまちまちな対応となっている。

　こうした問題状況を考える上で参考になるのは、ドイツなどの子ども・若者支援の重要なキーワードである「補完性原理 Subsidiaritätsprinzip（subsidiary principle）」である。これは、「NPOなどの民間の社会的団体が提供可能な仕事を政府はすべきではなく、むしろ政府の責務はサービスが円滑に実施されるために、非営利組織を支援すべきとする原則」（生田・大串・吉岡2011：5f、参照：藤野ほか2017：21-22）である。つまり、social（社会的）な問題への対応は基本的に民間の公益団体が担い、金銭的・人的保障はinstitutional（制度的）な仕組みにおいて負担するという原則である。この原則を踏まえて、ドイツでは行政と民間とのパートナーシップが確立している。たとえば、ドイツ子ども・若者支援法の規定により、民間団体代表などを入れて意思決定・調整する委員会の存在の明記、民間団体による活動は公的資金により100％助成されることで公益性の確保の手立てが図られていることなどである（生田2015：223）。

　日本の場合、NPO団体をはじめとする民間団体の活動への助成が期間限定であったり、助成割合が限定的であったりという問題がある。そのため、民間団体が長期的な見通しで支援の継続がしにくい現状、支援者の多くが低賃金で不安定な雇用となっている現状、その状況において専門性の維持・向上に困難

が多いという問題がある。コロナ禍後を見通すとき、これらについての検討も
大きな課題である[5]。

---

5 ニールス・メガース（Niels Meggers）氏（元 IJAB ドイツ国際ユースワーク専門機関国際青少
　年政策協力担当部長）を招いて開催した「日独ユースワーク専門家会議」（2014 年 10 月 16
　日：東京）において、民間優位の原則である補完性原理について次のように述べている（生
　田 2015: 232）。
　　「ユースワークを行う母体が民間団体になるのですが、それは国が責任を取らないので
　はなく、国あるいは州にはそれをサポートする役割があり、実施団体である民間団体が権
　限と決定権を持っているのです。この補完性の原理があるために、民間優先の原則がきち
　んと保障されているために、ドイツでは NPO の存在が非常に強く、NPO ＝民間団体、事
　業団体というふうに呼んでいますけれども、その権利が保障されているのです。これは
　ユースワークの分野だけではなく、スポーツや文化面でも NPO が活躍するときに非常に
　重要な原則になっています。民間優先と言われていますが、これは国が委託し命令して、
　資金提供してやらせるという立場ではなく、あくまでも民間事業を国がサポートする義務
　を有するという考え方です。
　　私が日本と議論する中で、国が民間に資金援助をする際に、あまり信用していないこと
　に非常に驚きました。このお金で何をするのだろうかというような不信感を持っている場
　合があると聞いたのですが、ドイツの場合、国にはお金を出す義務があるし、権限を与え
　て行う事業をサポートする義務があるという、全く逆の考え方です。」

本書のまとめ

1. 本書の概要

　私たちの研究が他の研究と異なっている点は、子ども・若者の人格形成・成長発達にとって家庭・学校とは異なる"第三の領域"としてどのような仕組みが必要なのかを検討している点、その際にターゲット支援だけではなくユニバーサルな側面をきちんと位置づけることを提案している点（文化的側面の重要性）、子ども・若者支援をめぐる問題点を四つの欠損として指摘し総合的に考えようとしている点、領域としてまだ未確立なために、特に支援者の専門性や業務の言語化により養成・研修の枠組みの確立に資するものにしようとしている点などである。

　そのため、本書は、日本の子ども・若者支援の構造的問題と専門性のあり方に迫ろうとしている。

　"はじめに"と第１章で、本書の基本的ワードである、"第三の領域"、支援、ケアなどの枠組みをドイツを始めとする海外の研究動向の一端を参考にしつつ整理するとともに、問題提起を行った。

○日本の子ども・若者支援がパラダイム不在の状況にあること、それを四つの欠損、すなわち包括的な"第三の領域"（図1-1）の欠損、「専門職」の欠損、「学問」領域の欠損、さらに子ども・若者支援の権利性の欠損として示した。

○支援及びケアの概念の関係について、まずケアの基本的な側面（第１章図1-4）として、心配や苦しみ、不安を和らげ、軽くし、なくすという「軽減」の方向性、そして「関係性の力をもって」対応し成長や自己実現につなげていく「拡大」の方向性がある。それゆえ、ケアは私的生活から公共的制度に至る「包括的な上位概念」である。支援は、こうした対応を補完、援護、代替することを意味する。そのため、支援はケアの一側面でケアの包括性に対

して公共的・制度的な側面を有している。支援には、ケアにおいて重視される対話による応答関係と共同性、一対一の関係性から多様性のある協同の関係性へと組み替えていく柔軟性が求められている。

　第1部では、"第三の領域"をめぐって、ドイツと日本の歴史を概観し、次の点を明らかにした。
○ドイツの子ども・若者支援が、27歳までの若者を対象とし、子ども・若者支援法により法的・制度的な位置づけが明確であり、それに基づく「第三の領域」の図を示すことができ、その学問体系が「社会教育」という形で構築されてきている点ならびに「社会教育的支援」の概要を示した。
○子ども・若者支援の三つの施策の流れ（青少年教育、青少年対策、勤労青少年・福祉的対策）を踏まえ、2000年以降、内閣府などを中心にした「子ども・若者支援」に収斂する傾向がみられること、しかし子ども・若者支援の全体像の構築に至らない背景に労働と福祉をめぐるモデル（戦後日本型循環モデル、自由主義・保守主義モデルなど）とその破綻、新たなモデル構築に向けてのジレンマを明らかにした。そうしたジレンマを踏まえつつ、子ども・若者支援を"第三の領域"として位置づける展望を検討する必要性を指摘した。
○「学問」領域をめぐって、教育福祉論、青年期教育の再編成の流れや学校外教育の構築の議論や実践が子ども・若者支援の枠組み構築には至らなかった背景には、1990年代半ば頃までの「戦後日本型青年期」（乾2010）の存在が移行支援の具体化に結びつかなかった点、教育基本法改正（2006年）などにより家庭支援・学校支援的な側面の強調、他方では2000年代の子ども・若者支援の中で就労を中心とする自立観が強い点などが指摘できる。それらが影響して、包括的な分野形成につながらなかったといえる。

　第2部では、子ども・若者支援の基礎概念の解明を通して、社会教育的支援の基盤形成を検討した。
○自立を従来の身辺自立、社会的自立、経済的自立という別々のものと捉えるのではなく、成長・人格形成、自己実現の途上における五つの側面から捉えることで、その凸凹も含めて人間を総合的に見ることができるようになる。その上で、支援のアプローチを考える手立てともすることができる。こうした視点から、「自立の五側面」（発達的側面、文化的側面、社会的側面、経済的側面、政治的側面）を提起している。また、生計・職業自活的な方法性の具体

的な側面として、「生計独立的側面」「職業参加的側面」「職業自活的側面」
をあげている。
○子ども・若者だけではなく個々人の自立を支える上で、居場所、アニマシオ
ン、自尊感情、対話が重要となる。それらの相関をみると（再掲：第7章 表
7-1）、一人ひとりの存在の確認から他者との関係性、何かを生み出す創造性
へと展開している。それは、別の言葉で言えば、自律であり自己のコントロー
ル感覚の獲得である。

表7-1　居場所、自尊感情（セルフ・エスティーム）、対話の流れ、自立の側面の相関

居場所の役割	自尊感情	対話の流れ	自立の側面
一人ひとりの存在の受容	自己受容感（ありのまま感）	出会いの場としての居場所での対話	基本的ニーズの尊重
関係性の構築	所属感（受け容れられ感）	グループでの対話	成長への動機づけとしてのニーズの尊重
可能性の展開	可能性感（できる感）貢献感（やった感）	対話から新しい物語へ社会との出会い直し	

　そうした感覚が生まれる上で、場の意味合いが大きい。外山（2003：133）は、
支援あるいはケアにおいて重要な点は「環境を味方につけたケア」だと表現し
ている。関わりにおける環境や空間の持つ教育力、雰囲気の重要性である。少
し長いが紹介する。

　　「人は、発達段階のどのステージにおいても、心と身体の状態がうまく調
　　和しているときに最大限の力が出せるものである。そして、特にモチベー
　　ションのボタンが作動したとき、すなわち『やる気』が出たときや『その
　　気』になったとき、人は驚くほどの力を発揮することがある。（中略）生命
　　力を取りもどすこうした変化は、『環境を味方につけたケア』が展開され
　　るとき、すなわち、ほっと安心できる身の置き所、『その気』になりやす
　　い空間やしつらえ、身体の延長として働き身体機能の欠損を補ってくれる
　　道具や機器、そうした環境が整ったなかで、スタッフが適切なモチベー
　　ションのボタンを押したとき、『出来事』として起こるのである。」

　外山の研究対象は高齢者施設であるが、子ども・若者支援の現場でも当ては
まり、表7-1も基本的にその流れに対応している。

　第3部では、子ども・若者支援の専門性の確立のため、この領域の言語化と専門性向上の養成・研修のプログラム化をめざす各種の取り組みについて歴史的に検討するとともに、その枠組みを提起している。

○「専門職の条件」として提示される六点、すなわち、専門職として備えるべき「体系的な理論」、それに基づく「教育・訓練」とそれを経ることによる「権威」、専門職が大切にすべき「倫理綱領」「行動指針」、それらの実践を通じて得られる「社会的承認」、専門職集団としての文化を維持・発展させる「組織」の存在、これらの点でこれまで取り組みの弱さ、不十分さがあった。こうした不十分点に意識的に取り組むことにより、四つの欠損の克服の端緒となることが期待され、支援者のエンパワメントや実践の言語化につながっていく。

○この間の研究で、専門性を構成するナレッジ・スキル・マインドを整理し、第9章の表9-3、表9-5に示した。また、教材として『ユースワークって何だろう!?～12の事例から考える～』（事例検討ワークブック。ユースワーカー全国協議会〈準備会〉編2019）、『不登校の理解と対応ガイドブック―保護者編―』（奈良教育大学次世代教員養成センター2019）、『子ども・若者支援専門職養成ガイドブック―共通基礎―』（サンプル版。子ども・若者支援専門職養成研究所編2020）を作成した。ユースワークの事例検討ワークブックとサンプル版に代表されるように、子ども・若者支援従事者の「共通基礎」となるナレッジ・スキル・マインドを明らかにし、具体的に教材にすることによって、その専門性の枠組み検討の素材提供をしている。

○専門性を構成するもうひとつの要素であるセンスについて、本書では解明を第9章で試みた。「状況の要請」「必要な感受性」「判断」「成解」「社会的ニーズの発見」「チーム対応」をキーワードとして抽出した。これらは、前述した表7-1「居場所、自尊感情（セルフ・エスティーム）、対話の流れ、自立の側面の相関」、ならびにケア環境の創造、自己のものさしの把握、外山の指摘する「環境を味方につけたケア」などとも関連する。ケア的な環境、場を形成する能力をどう付けていくのかについては、個人の能力形成にのみ矮小化するのではなく、「集合的な専門性」づくりを意識化しなければならない。

　補論としての第10章では、コロナ後を見据えたときに、「社会が存在する」ことの重要性、すなわち医療、福祉、教育等の人間の生活を取り巻く社会的な

基盤整備、市民一人一人が情報を得つつ連帯して行動し活動する民主主義の保障の重要性があることをまず指摘した。その上で、子ども・若者支援のアプローチのひとつである「社会教育的支援」が、ソーシャルな関係性と公益性の観点から「対話を踏まえた寄り添いや同伴、場づくりなどを通じて、当事者が問題解決の主体と成りゆく過程、およびそれを通した人格的な発達を支援する営み」であることを再確認し、social（社会的）およびinstitutional（制度的）な視点から支援の構造的把握をし課題整理（権利性、補助・助成のあり方など）をする必要性を改めて指摘した。

2.　研究の背景と「社会教育的支援」

　子ども・若者支援の専門性探究の背景には、1990年代以降の新自由主義的な社会構造改革や経済のグローバル化のもとで拡大した格差や就労をめぐる環境の悪化、若者の社会的移行の困難の深刻化、子どもの貧困などを始めとする状況の変化があり、それらへの対応が具体的に求められてきた経緯がある。

　第一に、子ども・若者支援関連の行政施策が2000年代、とりわけ子ども・若者育成支援推進法（2009年）以降、全国的に展開されるとともに、地域における居場所づくり、学習支援、生活支援、就労支援など多様な取り組みの展開がある。しかし、その多様性のため、子ども・若者支援の総体的な把握につながっていない現実も散見できる。

　第二にその中で、支援する側の専門性やその力量形成の必要性も叫ばれており、そのためにも支援実践の言語化による支援の意義の自己理解と共通理解が求められている。こうした必要性を受けて、子ども・若者支援の枠組みの整理、支援者の専門性や資質・能力の検討、それとともに社会教育の独自の役割とは何かを明らかにすることが重要となってきた。

　第三に、第9章のナレッジ・スキルに関する表9-5、ならびにそれに即して編集したサンプル版では心理、福祉、精神保健、医療や就労支援を中心とするソーシャルワーク的な対応も見据えつつ、子ども・若者支援に関連する（社会）教育的なアプローチの歴史と実践、その意義と可能性、そして課題について整理している。その際、ドイツの社会教育（Sozialpädagogik, social pedagogy）を踏まえた「社会教育的支援」をベースとしている。

　第四に、それでは「社会教育的支援」の考えとは何なのか。仮説的に次の四

点に整理できる。

a. 支援の総体的・構造的把握

　子ども・若者支援は、問題を個人の性格や生活状況に原因や責任を求めるのではなく社会的視点を持って対応すべき支援である点、すなわち、社会的・総体的問題把握の重要性の指摘である。

　この点は、我々の生活世界とその支援のあり方を、第10章でも指摘したpersonal（私的）―social（社会的）―institutional（制度的）の三つの視点から捉えることと関わっている。支援は、生活世界を補完する側面（生活世界を豊かにする、オールタナティヴ、選択肢がある）、生活世界を援護する側面（生活世界を支える、助ける）、生活世界を代替する側面（困難な場合、生活の場を代える）の三側面がある。三側面を踏まえつつ、教育、福祉、医療、生活の各分野での取り組みを連携する観点からsocial（社会的）な側面のあり方、制度化のあり方を検討することが重要となる。

b. 主体形成と支援の視点

　子ども・若者支援を子ども・若者の主体形成の観点から検討する点にある。社会教育的支援は、子ども・若者の自立を志向し、自己と社会やコミュニティにおける課題の意識化と自らの位置の主体的確認をサポートすることが重要となる。それは方法的に一対一のカウンセリングや相談を含みつつも、多様な関係性の拡大・深化を伴った方法論だといえる。居場所などでの安心感を踏まえた「語る・描く・書く・遊ぶ」など自己表現することによる自己・相互理解の深まり、自己・相互教育の展開と関連づけて方法論のあり方について検討する必要がある。

c. 自立の枠組み

　社会教育的支援は、自立がソーシャルワーク的な課題解決的アプローチに基づく就労支援などに傾斜しがちな現実を克服し、発達・教育の視点を含め、自立の全体的枠組みを提示する点にある。自立の経済的側面、身辺自立的側面だけではなく、自己理解や世界を広める文化的側面、社会的側面などを含め、社会における形成者、主権者として参画していく政治的側面など、自立の各側面を個人と集団、社会との関連で検討する必要がある。

d. 子ども・若者支援の専門性の共通基礎の確立

　学習支援、生活支援、就労支援など特定の分野に偏ることなく、子ども・若者支援に関わる「専門的能力」、すなわち支援をする上での「共通基礎」とし

て備えるべき知識・技術・価値・センスの各要素の明確化と関連づけである。第9章図9-1の通り、子ども・若者支援の現場では社会福祉士、精神保健福祉士、キャリア・コンサルタント、臨床心理士、教員などの資格を持つ者が関わっているケースが多いが、子ども・若者に関わるベースとなる考え方が整理されているとはいえない。この整理という点にも、社会教育的支援の役割があると考える。

　今後の課題は、子ども・若者支援の三つの源流を踏まえつつ、「第三の領域」として統合し、権利性のある領域として合意形成していく方途が問われる。研究と実践とに関わる者同士が実践を共有しつつ、言語化し、それに基づいて対話し、新たなパラダイムを作っていく必要がある。
　また、研究を通じて、第三の領域に関わる「子ども・若者支援士」（仮称）という専門職の必要性とその役割を、専門職の六条件と関連づけながらさらに検討する必要性がある。

3. エピローグ

　2013年から本格的に始めた子ども・若者支援研究であるが、その前史のひとつは科研費によるドイツ研究[1]である。そこでは、学校から職業への移行の際に困難を持つ不利益青年の自立支援の制度等を調査し、ドイツの「社会教育」と子ども・若者支援、支援者の養成・研修の特徴を明らかにした。そして、その研究成果を著作（生田・大串・吉岡2011）にまとめた。
　前史のもう一つは、教育者やユースワーカーの養成の観点から、生田の研究[2]と研究分担者・川野（立石）麻衣子の研究[3]がある。前者は、人権を基盤とする教育の観点からの教育者養成プログラムの整理検討を行っている。後者は、

1　科学研究費補助金・基盤研究(B)2004（平成16）〜2006（平成18）年度「日独社会教育学における青少年自立援助システムの比較研究」研究代表者：大串隆吉
2　科学研究費補助金・基盤研究(C)2009（平成21）〜2011（平成23）年度「教育者養成プログラムの観点からの人権基盤教育学の構築とその国際的検討」研究代表者：生田周二
3　科学研究費補助金・奨励研究　2010（平成22）年度、2011（平成23）年度「青少年を対象とする社会教育従事者（ユースワーカー）のための養成プログラムの開発」研究代表者：立石（川野）麻衣子

青少年を対象とする社会教育施設の職員（ユースワーカー）の力量形成を中心的課題に据え、力量形成に有効な養成プログラムのモデルの検討を行った。

　こうした前史の上に、本書に直接つながる研究の展開となる。第1期（2013〈平成25〉～2017〈平成29〉年度）は、科学研究費補助金・基盤研究(B)「子ども・若者支援専門職養成に関する総合的研究」（研究代表者：生田周二）をベースにしている。研究者11名以外に京都市ユースサービス協会など四団体の協力を得て、「子ども・若者支援専門職養成研究所」を設置し、集団的な検討・実施体制を整えた。研究報告会やシンポジウムの開催により、若者領域の専門性と研修システムの検討を中心に展開した。"第三の領域"の提起、自立の枠組みの整理、社会教育的支援の必要性などの問題提起を行った。この四年間は、「子ども・若者支援とその専門職養成・研修の枠組みの整理」段階と位置づけることができる。研究成果は、日本社会教育学会年報第61集（2017）『子ども・若者支援と社会教育』にまとめた。

　第2期（2018〈平成31〉～2021〈令和3〉年度）は、科学研究費補助金・基盤研究(B)「子ども・若者支援における専門性の構築─『社会教育的支援』の比較研究を踏まえて─」（研究代表者：生田周二）をベースにして[4]、第1期の問題提起の具体化となっている。そのため、表11-1の四領域に分かれて事業を展開している。

　本書は、これらの取り組みの成果を踏まえ、筆者の責任で分析・整理してきた論稿で成立している。

　また、筆者自身は、支援論・方法論領域の研究の一環として、第6章や補論でも記述しているように、大学で「居場所ねいらく」を二人の研究員（櫻井惠子、櫻井裕子）とともに臨床的実践として行っている。そこでの子どもたち、ならびにその保護者との出会いと関わりは、本書にも大きな影響を与えている。たとえば、居場所には少なくとも三つのスペースが存在することの意味を気づかせてくれたり、自立あるいは「心のエネルギー」を蓄えるにあたって、ひとりや数人での遊び、絵やイラストを描くなどの文化的側面の活動の重要性を具体的に分からせてくれた。

　最後に、こうした気づきを与えてくれた研究仲間と関係する人々に感謝したい。

4　日本教育公務員弘済会本部奨励金「子ども・若者支援における専門性向上のための研修の枠組みと研修教材の開発」（2018年度、研究代表者・生田周二）の助成も受けた。

表11-1　研究領域と分担

領域	I　原理・比較研究領域	II　支援論・方法論領域	III. 養成・研修・教材開発研究		子ども・若者支援専門職養成研究所（IPS）
			1　子ども領域	2　若者領域	
主な業務	・"第三の領域"、子ども・若者支援の比較研究 ・「社会教育的支援」分析	・居場所・文化活動、学習支援、就労支援、家族支援等の実践分析と臨床的分析	・養成・研修プログラムの検討 ・教材化	・養成・研修プログラムの検討 ・教材化	・研究会・シンポの開催 ・広報、HP管理など
担当	大串隆吉（東京都立大（名））	生田周二（奈良教育大）	川野麻衣子（北摂こども文化協会・奈良教育大）	水野篤夫（京都市ユースサービス協会）	生田周二（奈良教育大）
分担・協力者	上野景三（佐賀大）・石井山竜平（東北大）・帆足哲哉（玉川大）・藤田美佳（奈良教育大）	大村恵（愛知教育大）・津富宏（静岡県立大）・［櫻井恵子・櫻井裕子（奈良教育大）］	井上大樹（札幌学院大）・宮﨑隆志（北海道大）・立柳聡（福島県立医科大）・深作拓郎（弘前大）・中田周作（中国学園大）・協力団体（北摂こども文化協会、こどもNPOセンター、など）	南出吉祥（岐阜大）・協力団体：ユースワーカー協議会（京都市ユースサービス協会、こうべユースネット、さっぽろ青少年女性活動協会、よこはまユース、名古屋ユースクエア共同事業体など）	研究員：櫻井恵子、櫻井裕子

〈参考文献〉

浅田明日香（2016）「乳児保育における「意見表明権」保障とは何か――意見表明能力の形成要素に焦点を当てて――」『人間発達学研究』第7号　1-11頁

浅田明日香（2017）「子どもと保育者の相互的な関係―泣き場面での意見表明に着目して―」『愛知県立大学教育福祉学部論集』第66号　11-17頁

朝日新聞（2016）「18歳選挙権「賛成する理由、何一つない」斎藤環さん」2016年1月19日付

阿比留久美（2012）「『居場所』の批判的検討」田中治彦・萩原建次郎編著『若者の居場所と参加―ユースワークが築く新たな社会―』東洋館出版社　35-51頁

安部芳絵（2010）『子ども支援学研究の視座』学文社

雨宮処凛編著（2019）『この国の不寛容の果てに　相模原事件と私たちの時代』大月書店

安藤博（2014）『子どもの人権を尊重する生徒指導―権利・人権を学んでいじめ・体罰から子どもを守る』学事出版

生田周二（1991）「子どもと学校外教育」室井修編『教育行政の原理と課題―学校・社会教育に問われるもの―』法律文化社 156-173頁

生田周二（1992）「地域活性化と青年の役割に関する予備的考察―『鳥取県青年団員の意識動向に関する予備調査』から―」『鳥取大学教育学部研究報告：教育科学』第34巻第2号373-390頁

生田周二（1998）『統合ドイツの異文化間ユースワーク』大空社

生田周二（2007）『人権と教育―人権教育の国際的動向と日本的性格―』部落問題研究所

生田周二（2008）「ヨーロッパ評議会を中心とする『民主的シティズンシップ教育』の動向―教育者養成への視点を中心に―」『部落問題研究』第186輯、71-95頁

生田周二（2009）「今、子どもたちは～3500名の子ども調査から～」奈良の子ども白書づくり実行委員会編『知っておきたい！今の子どものコト』ルック 12-78頁

生田周二（2010）「ドイツの生存権保障としての教育福祉政策の展開―教育福祉としての社会教育学の視点から―」『人間と教育』第65号　12-19頁

生田周二・大串隆吉・吉岡真佐樹（2011）『青少年育成・援助と教育―ドイツ社会教育の歴史、活動、専門性に学ぶ―』有信堂

生田周二（2012）「ヘルマン・ノール」『社会教育・生涯学習辞典』朝倉書店

生田周二（2014）「子ども・若者支援専門職の構想とその取り組み」『月刊社会教育』704号41-47頁

生田周二（研究代表者）（2015）『子ども・若者支援専門職養成に関する総合的研究―2014（平成26）年度研究成果報告書―』（課題番号25285214）平成25年度～平成28年度科学研究費補助金（基盤研究B）

生田周二（2016a）「子ども・若者支援専門職養成の構想試論―ユースワークを中心に―」『奈良教育大学次世代教員養成センター研究紀要』第2号　259-263頁

生田周二（研究代表者）（2016b）『子ども・若者支援専門職養成に関する総合的研究―2015（平成27）年度研究成果報告書―』（〈課題番号25285214〉平成25年度～平成28年度科学研究費補助金〈基盤研究B〉）

生田周二（2016c）「権利としての子ども・若者支援―"第三の領域"の構築に向けて―」『月

刊社会教育』723号 3-9頁

生田周二（2016d）「子ども・若者支援と自立の枠組み―"第三の領域"の構築に向けて―」『奈良教育大学教育学部紀要』第65巻第1号（人文・社会科学）183-193頁

生田周二（2017a）「子ども・若者支援専門職関わる研究プロジェクトの経緯と到達点―子ども・若者支援の領域と『社会教育的支援』」『次世代教員養成センター研究紀要』第3巻163-168頁

生田周二（2017b）「まえがき」「序：子ども・若者支援における『社会教育的支援』の枠組み」日本社会教育学会編『子ども・若者支援と社会教育』東洋館出版社 1-9頁、14-27頁

生田周二（2017c）『子ども・若者の自立と支援―「子ども・若者支援」という課題の登場―』奈良教育大学出版会（E－Book）

生田周二・大山宏（2017）「子ども・若者支援専門職の基本理念―"第三の領域"の視点から―」『社会教育研究』第53巻第1号 15-16頁

生田周二（2018）「社会教育とユースワーク」『月刊社会教育』743号 16-20頁

生田周二（2019）「子ども・若者支援における対話の一考察」『奈良教育大学教育学部紀要』第68巻第1号（人文・社会科学）203-211頁

生田周二（2020）「子ども・若者支援の新たなパラダイム―専門性の構築に向けて―」『奈良教育大学教育学部紀要』第69巻第1号（人文・社会科学）

生田周二・帆足哲哉（2020）「子ども・若者支援における『第三の領域』と『社会教育的支援』概念に関する研究―日本とドイツにおける議論を中心に―」『奈良教育大学次世代教員養成センター研究紀要』第6号　15-23頁

伊藤敦広（2018）「〈教育的タクト〉と実践としての陶冶論―フンボルトにおけるタクト概念の用例分析―」『作大論集』第8号　95-104頁

伊藤絵美・向谷地生良編著（2007）『［DVD付］認知行動療法、べてる式。』医学書院

乾彰夫（2010）『〈学校から仕事へ〉の変容と若者たち』青木書店

乾彰夫編（2012）『若者が働きはじめるとき―仕事、仲間、そして社会―』日本図書センター

乾彰夫（2013）「労働・コミュニティからの排除と若者支援―社会教育へのひとつの問題提起―」日本社会教育学会編『労働の場のエンパワメント』（日本の社会教育第57集）東洋館出版社　56-67頁

乾彰夫・本田由紀・中村高康編（2017）『危機のなかの若者たち：教育とキャリアに関する5年間の追跡調査』東京大学出版会

井上慧真（2019）『若者支援の日英比較―社会関係資本の観点から―』晃洋書房

居場所カフェ立ち上げプロジェクト（著・編集）（2019）『学校に居場所カフェをつくろう！―生きづらさを抱える高校生への寄り添い型支援』明石書店

今井むつみ（2016）『学びとは何か―〈探究人〉になるために』岩波新書

今田高俊（2000）「支援型の社会システムへ」支援基礎論研究会編『支援学　管理社会をこえて』東方出版

入戸野宏・綿村英一郎編（2019）『シリーズ人間科学3　感じる』大阪大学出版会

岩槻知也編著（2016）『社会的困難を生きる若者と学習支援』明石書店

岩間伸之（2014）『支援困難事例と向き合う―18事例から学ぶ援助の視点と方法―』ミネルヴァ書房

上杉孝實（1993）「『週休二日制社会』と社会教育研究の課題」日本社会教育学会編『週休二日制・学校週五日制と社会教育』東洋館出版社 10-23頁

上野景三（2009）「自治体社会教育の再定義と社会教育ガバナンス」日本社会教育学会編『自治体改革と社会教育ガバナンス』東洋館出版社　10-25頁

上野景三（2014）「社会教育・青少年教育関係専門職をめぐる歴史的経緯と課題」2014年度日本社会教育学会六月集会プロジェクト研究「子ども・若者支援専門職の必要性と資質に関する研究」発表資料

上野景三（2017）「社会教育・青少年教育関係専門職をめぐる歴史的経緯と社会教育行政の課題」日本社会教育学会編『別掲書』30-41頁

埋橋孝文・大塩まゆみ・居神浩編著（2015）『子どもの貧困/不利/困難を考えるⅡ—社会的支援をめぐる政策的アプローチ—』ミネルヴァ書房

埋橋孝文・矢野裕俊編著（2015）『子どもの貧困/不利/困難を考えるⅠ　—理論的アプローチと各国の取組み—』ミネルヴァ書房

埋橋孝文・同志社大学社会福祉教育研究支援センター編（2019）『貧困と就労自立支援再考：経済給付とサービス給付』法律文化社

浦河べてるの家（2002）『べてるの家の「非」援助論—そのままでいいと思えるための25章—』医学書院

エスピン-アンデルセン, G.（2001）『福祉資本主義の三つの世界—比較福祉国家の理論と動態』ミネルヴァ書房（Esping-Andersen, G.(1990): *The Three Worlds of Welfare Capitalism.* Cambridge : Polity Press.）

遠藤辰雄・井上祥治・蘭千壽（1992）『セルフ・エスティームの心理学』ナカニシヤ出版

遠藤保子・水野篤夫（2006）「青少年を支援する専門職（ユースワーカー）養成と力量形成：ランカスター大学セイント・マーチンズ・カレッジのカリキュラムを中心として」『立命館人間科学研究』12号　45-54頁

OECD（編集）、濱口桂一郎（監訳）（2010）『日本の若者と雇用—OECD若年者雇用レビュー』明石書店

大串隆吉（2008）『社会教育入門』有信堂

岡野八代（2020）「ケア労働はなぜ安いのか」『しんぶん赤旗』9月15日付

小川利夫（1978a）『青年期教育の思想と構造』勁草書房

小川利夫（1978b）「教育と福祉の間—教育福祉論序説」小川利夫・土井洋一編『別掲書』3-30頁

小川利夫（1978c）「学校外教育思想の歴史的遺産—学校外教育論序説」小川利夫・土井洋一編『別掲書』124-152頁

小川利夫・土井洋一編（1978）『教育と福祉の理論』一粒社

小川利夫（1985）『教育福祉の基本問題』勁草書房

小川利夫（1987）「福祉教育と社会教育の間—社会『福祉教育』論序説—」小川利夫・大橋謙策編『社会教育の福祉教育実践』光生館 1-20頁

小川利夫（1978）『青年期教育の思想と構造』勁草書房

オルデンバーグ、レイ（2013）『サードプレイス—コミュニティの核になる「とびきり居心地のよい場所」—』みすず書房

梶野光信（2017）「高校生の『社会的・職業的自立』を支援する社会教育行政の役割―都立学校『自立支援チーム』派遣事業が目指すもの―」日本社会教育学会編『別掲書』169-178頁

梶野光信・土屋佳子（2016）「都立学校『自立支援チーム』派遣事業―施策化の経緯と展開―」日本学校ソーシャルワーク学会口頭発表資料（8月28日：法政大学多摩キャンパス）

柏木智子（2020）『子どもの貧困と「ケアする学校」づくり―カリキュラム・学習環境・地域との連携から考える―』明石書店

金田利子（1998）「乳児保育―夏季セミナーへの期待―」『季刊保育問題研究』172号新読書社4-13頁

金子元久（2006）『大学の教育力』ちくま新書

河崎智恵（2011）「ライフキャリア教育における能力領域の構造化とカリキュラムモデルの作成」『キャリア教育研究』29（2）、57-69頁

川野麻衣子（2016）「子どもの権利の視点から子ども・若者の貧困をどう受け止めるか」子ども支援学研究会報告資料（2016年1月30日）

川野麻衣子・松田考・南出吉祥（2016）「子ども・若者支援専門職・資格の現状と課題―関連分野のシステム・内容の調査から―」2016年度日本社会教育学会六月集会プロジェクト研究「子ども・若者支援専門職の必要性と資質に関する研究」報告資料

川野麻衣子（2019）『ひと山まるごとプレイパーク　日常の緊張感から解放される場所』萌文社

川村匡由・瀧澤利行編著（2011）『教育福祉論―生涯学習と相談援助―』ミネルヴァ書房

関西こども文化協会編（2015）『放課後児童支援員認定資格研修テキスト―子どもが輝く放課後を創る―』フォーラム・A企画

熊沢誠（2006）『若者が働くとき』ミネルヴァ書房

倉石一郎（2016）「対話的構築主義と教育実践研究を架橋する」日本社会教育学会編『社会教育研究における方法論』東洋館出版社　36-48頁

倉内史郎（1983）『社会教育の理論』第一法規

古賀正義・石川良子（2018）『ひきこもりと家族の社会学』世界思想社

小杉礼子編（2003）『フリーターという生き方』勁草書房

小杉礼子編（2005）『フリーターとニート』勁草書房

子ども・若者支援専門職養成研究所編（2020）『子ども・若者支援専門職養成ガイドブック―共通基礎―』（sample）版（https://4afbf42c-c75f-4079-b483-9a5e1c532a1d.filesusr.com/ugd/bf1f83_50365a6e22b642e8a51cc277a9b4399e.pdf）

ゴーブル，フランク（1972）『マズローの心理学』産能大学出版部

児美川孝一郎（2010）「『若者自立・挑戦プラン』以降の若者支援策の動向と課題」『日本労働研究雑誌』No.620 17-26頁

近藤卓（2013）『子どもの自尊感情をどう育てるか―そばセット（SOBA-SET）で自尊感情を測る―』ほんの森出版

近藤正・高塚雄介・田中治彦（1978）「青少年教育指導者養成の課題」酒匂一雄編『地域の子どもと学校教育』（日本の社会教育　第22集）東洋館出版社208-218頁

酒匂一雄編（1978）『地域の子どもと学校外教育』東洋館出版社

斎藤環（1998）『社会的ひきこもり―終わらない思春期』PHP新書

斎藤環（2015）『オープンダイアログとは何か』医学書院

坂野慎二（2017）「ドイツの幼稚園教諭・保育士養成政策に関する研究―養成の高度化・専門化に着目して―」『論叢』玉川大学教育学部紀要第16号　1-23頁

櫻井惠子・櫻井裕子（2009）「自分について―自尊感情と家庭環境―」奈良教育大学・子ども調査研究プロジェクトグループ『奈良県の子どものストレスと学校・家庭生活との相関に関する調査研究（Part II）』23-31頁

櫻井裕子（2010）「不登校の中学生にとっての適応指導教室のありかた―エスノグラフィー的記述を用いて―」『奈良女子大学社会学論集』17号　277-294頁

櫻井裕子・櫻井惠子・生田周二（2020）「居場所「ねいらく」における不登校支援の実践報告」『奈良教育大学次世代教員養成センター研究紀要』第6号　233-237頁

櫻井裕子（2020a）「不登校・ひきこもり支援におけるオンラインツール居場所支援の可能性を探る」日本社会教育学会第67回研究大会自由研究発表資料

櫻井裕子（2020b）「オンラインツールを使った不登校・ひきこもりの居場所支援への模索」『月刊社会教育』No.775、56-57頁

佐藤一子（2006）『現代社会教育学―生涯学習社会への道程―』東洋館出版社

佐藤洋作（2017）「若者を居場所から仕事の世界へ導く社会教育的支援のアプローチ」日本社会教育学会編『別掲書』159-168頁

佐野万里子・泉森奈央（2018）「公民館職員の力量形成―奈良市生涯学習財団の職員研修から―」『月刊社会教育』No.747、56-61頁

柴野昌山編（2009）『青少年・若者の自立支援―ユースワークによる学校・地域の再生―』世界思想社

清水貞夫（2020）「津久井やまゆり園事件が投げかける課題」『人権と部落問題』No.938　45-51頁

ジョーンズ, G., ウォーレス, C.（2004）『若者はなぜ大人になれないのか―家族・国家・シティズンシップ』（宮本みち子監訳）新評論

愼英弘（2008）「自立の概念と構造」『四天王寺大学紀要』第46号　85-107頁

愼英弘（2013）『自立を混乱させるのは誰か―障害者の「自立」と自立支援』生活書院

鈴木牧夫（1998）『フォーラム21 子どもの権利条約と保育―子どもらしさを育むために―』新読書社

住田正樹（2003）「子どもたちの『居場所』と対人的世界」住田正樹・南博文『子どもたちの居場所と対人的世界』九州大学出版会

ゼア, H.（2006）『修復的司法とは何か―応報から関係修復へ―』新泉社（Zehr, H.（1990）: Changing Lenses）

青少年福祉センター編（1989）『強いられた「自立」』ミネルヴァ書房

セイックラ、ヤーコ（2016）『オープンダイアローグ』日本評論社

関川芳孝・山中京子・中谷奈津子（2017）『教育福祉学の挑戦』せせらぎ出版

芹沢俊介（2010）『「存在論的ひきこもり」論―わたしは「私」のために引きこもる』雲母書房

全国民主主義教育研究会編（2015）『18歳からの選挙Q＆A―政治に新しい風を　18歳選挙権』同時代社

総合人間学会（編集）（2015）『〈居場所〉の喪失、これからの〈居場所〉：成長・競争社会とその先へ』学文社

高垣忠一郎（1999）「『自己肯定感』を育む―その意味と意義」八木英二・梅田修編『いま人権教育を問う』大月書店

高口明久編（1993）『養護施設入園児童の教育と進路』多賀出版

高鳥毛敏雄（2020）「新型コロナウィルスに対する感染症対策を問う―公衆衛生の観点から―」『人権と部落問題』No.939 47-53頁

滝澤公子・室伏きみ子編著（2009）『サイエンスカフェにようこそ！科学と社会が出会う場所』冨山房インターナショナル

竹内常一（2010）「はじめに」日本生活指導学会『生活指導事典―生活指導・対人援助に関わる人のために』エイデル研究所

竹中哲夫（2016）『子ども・若者支援地域協議会のミッションと展望』かもがわ出版

竹端寛（2012）『枠組み外しの旅―「個性化」が変える福祉社会―』青灯社

立石麻衣子（2007）「イギリスのユースサービスにおけるニート問題への対応―コネクションズサービスの導入を中心に―」岡山人権問題研究所『人権と社会』第2号、83〜100頁

立石麻衣子（2011）「若者を対象とする社会教育職員（ユースワーカー）の専門性に関する一考察」『部落問題研究』第198号　2-28頁

立石麻衣子・生田周二（2011）「イギリスにおける若者の自立支援制度『コネクションズサービス』の事例報告―就労支援と性教育を柱にした若者支援―」『奈良教育大学教育実践総合センター研究紀要』No.20、307〜312頁

田中治彦（1988）『学校外教育論』学陽書房

田中治彦編著（2001）『子ども・若者の居場所の構想』学陽書房

田中治彦・萩原建次郎編著（2012）『若者の居場所と参加』東洋館出版社

辻浩（2017）『現代教育福祉論―子ども・若者の自立支援と地域づくり―』ミネルヴァ書房

津田大介（2020）「格差是正のために　透明性を確保しデータ活用を」（論壇時評）『朝日新聞』8月27日付

筒井真優美（2018）「ケアリングの概説」KEIO SFC JOURNAL Vol.18 No.2　136-155頁

デーモン、W.（1990）『社会性と人格の発達心理学』北大路書房

デネット、ダニエル・C（2016）『心はどこにあるのか』ちくま学芸文庫

寺中作雄（1949）『社会教育法解説』社会教育図書株式会社

デューイ, J.（1950）『経験と教育』春秋社（Dewey, J.(1938): Experience and Education）

暉峻淑子（2017）『対話する社会へ』岩波新書

埒洋一（2014）「少子高齢化時代の福祉政策」社会福祉士養成講座編集委員会『現代社会と福祉　第4版』中央法規出版121-155頁

外山義（2003）『自宅でない在宅―高齢者の生活空間論』医学書院

内閣府（2010）『ユースアドバイザー養成プログラム（改訂版）』内閣府政策統括官（共生社会政策担当）付青少年支援担当

七澤淳子（2012）「青少年センターでの居場所づくり」田中治彦・萩原建次郎編著『若者の居場所と参加―ユースワークが築く新たな社会―』東洋館出版社

七澤淳子・松本沙耶香・水野篤夫・竹田明子（2016）「子ども・若者支援専門職の専門性と研

修カリキュラム試論―若者施設職員における研修・養成システムを中心に考える―」2016年度日本社会教育学会6月集会プロジェクト研究「子ども・若者支援専門職の必要性と資質に関する研究」報告資料

奈良教育大学次世代教員養成センター（2017）『不登校・ひきこもりのためのハンドブック―2017年度奈良県サポート団体・相談窓口一覧』（https://ipty2014.wixsite.com/mysite/properties）

奈良教育大学次世代教員養成センター（2019）『不登校の理解と対応ガイドブック―保護者編―』（https://ipty2014.wixsite.com/mysite/blank）

西野博之（2006）「居場所を生みだす『まなざし』」『居場所のちから―生きてるだけですごいんだ』教育史料出版会

日本学術会議（2017）「提言 若者支援政策の拡充に向けて」社会学委員会 社会変動と若者問題分科会

日本社会教育学会編（2002）『子ども・若者と社会教育―自己形成の場と関係性の変容―』東洋館出版社

日本社会教育学会編（2017）『子ども・若者支援と社会教育』東洋館出版社

日本社会福祉士会編（2009）『新社会福祉援助の共通基盤（上）』（第2版）中央法規出版

日本生活指導学会編（2019）『自立支援とは何だろう？』高文研

野口定久・外山義・武川正吾編（2011）『居住福祉学』有斐閣コンパクト

野口裕二（2002）『物語としてのケア―ナラティヴ・アプローチの世界へ』医学書院

野口裕二（2005）『ナラティヴの臨床社会学』勁草書房

ノディングズ（2007）『学校におけるケアの挑戦』ゆみる出版

萩原建次郎（2001）「子ども・若者の居場所の条件」田中治彦編著『子ども・若者の居場所の構想』学陽書房 51-65頁

萩原建次郎（2012）「近代問題としての居場所」田中治彦・萩原建次郎編著『別掲書』18-34頁

萩原建次郎（2018）『居場所―生の回復と充溢のトポス』春秋社

濱口桂一郎（2013）『若者と労働―「入社」の仕組みから解きほぐす―』中公新書ラクレ

早瀬眞喜子・山本弥栄（2016）「幼稚園教育要領・保育所保育指針の変遷と保育要領を読み解く」『プール学院大学研究紀要』第57号 365～380頁

樋口明彦（2004）「現代社会における社会的排除のメカニズム」『社会学評論』217 2-18頁

平塚真樹（2012）「子ども・若者支援の政策と課題」田中治彦・萩原健次郎編著『別掲書』52-69頁

日和恭世（2016）「専門職としてのソーシャルワークの再検討―専門職の概念に焦点をあてて―」『別府大学紀要』第57号 57-66頁

福田春男（1985）『若きものの歌高らかに―日青協の結成と激動期の10年・私史―』日本青年団協議会

藤田晃之（2014）『キャリア教育基礎論―正しい理解と実践のために―』実業之日本社

藤田栄史（2014）「若者（自立）支援政策と子ども・若者が抱える困難・貧困」『名古屋市立大学大学院人間文化研究科 人間文化研究』第22号 83-106頁

藤竹暁（2000）『現代人の居場所』現代のエスプリ別冊 至文堂

藤野一夫／秋野有紀／マティアス・テーオドア・フォークト編（2017）『地域主権の国ドイツ

の文化政策―人格の自由な発展と地方創生のために―』美学出版

藤本文朗（2020）「『社会的ひきこもり対応基本法』をさぐる」『日本の科学者』Vol.55、No.11、29-35頁

プジョル，ジュヌヴィエーヴ；ミニヨン，ジャン＝マリー（2007）『アニマトゥール　フランスの社会教育・生涯学習の担い手たち』（岩橋恵子監訳）明石書店

フリースクール全国ネットワーク編（2009）『フリースクール　ボクらの居場所はここにある！』東京シューレ出版

フレイレ，P.（1982）『伝達か対話か―関係変革の教育学―』亜紀書房

保育小辞典編集委員会編（2006）『保育小辞典』大月書店

ホイットニー，D./トロステンブルーム，A.（2006）『ポジティブ・チェンジ―主体性と組織力を高めるAI―』ヒューマンバリュー

細井勇（2016）「ソーシャル・ペタゴジーと児童養護施設―福祉レジームの観点からの国際比較研究―」『福岡県立大学人間社会学部紀要』Vol.24、No.2、1-21頁

堀尾輝久（2011）「子どもの権利とは何か」日本弁護士連合会編『問われる子どもの人権』駒草出版

本田由紀（2009）『教育の職業的意義―若者、学校、社会をつなぐ―』ちくま新書

本田由紀（2014）『もじれる社会―戦後日本型循環モデルを超えて―』ちくま新書

マクナミー，S.；ガーゲン，K.J.編（野口裕二・野村直樹訳）（2014）『ナラティヴ・セラピー：社会構成主義の実践』遠見書房

増山均（1986）『子ども組織の教育学』青木書店

増山均（1992）『子育て新時代の地域ネットワーク』大月書店

増山均（1994）『ゆとり・楽しみ・アニマシオン』労働旬報社

増山均（1997）『教育と福祉のための子ども観』ミネルヴァ書房

増山均（2015）『学童保育と子どもの放課後』新日本出版社

マズロー，A.H.（1987）『人間性の心理学―モチベーションとパーソナリティ』（改訂新版）産業能率大学出版部

松井祐次郎（2009）「若年者の就業支援」『青少年をめぐる諸問題総合調査報告書』国立国会図書館　166-189頁

松田武雄（2014）『コミュニティ・ガバナンスと社会教育の再定義―社会教育福祉の可能性―』福村出版

松田武雄編著（2015）『社会教育福祉の諸相と課題―欧米とアジアの比較研究―』大学教育出版会

松田弥花（2017）「スウェーデンにおける子ども・若者を対象としたアウトリーチ事業―『フィールドワーカー』に着目して―」日本社会教育学会編『別掲書』124-133頁

松本健哉（1937）『校外教育十講』第一書房

水野篤夫（2004）「実践をふりかえる方法としての事例研究と職員の力量形成」日本社会教育学会編『成人の学習』東洋館出版社 173-185頁

水野篤夫・遠藤保子（2007）「ユースサービスの方法とユースワーカー養成のプログラム開発：ユースワーカー養成に関する研究会の議論から」『立命館人間科学研究』第14巻 85-98頁

水野篤夫（2009）「子ども・若者と社会教育：今求められるユースサービス」上杉孝實・小木美代子監修『未来を拓く子どもの社会教育』学文社 144-168頁

水野篤夫（2015a）「若者と関わるスタッフ（職員）の専門性のあり方（分析まとめ）」および「ワーカーの専門的能力について（水野試案）」2015年度日本社会教育学会6月集会プロジェクト研究「子ども・若者支援専門職の必要性と資質に関する研究」報告資料

水野篤夫（2015b）「子ども・若者支援専門職の専門性と研修カリキュラム試論」2015年度日本社会教育学会研究大会プロジェクト研究「子ども・若者支援専門職の必要性と資質に関する研究」報告資料

水野篤夫・竹田祐子・横江美佐子・竹田明子（2015）「日本と海外の若者支援の取組み」埋橋孝文・大塩まゆみ・居神浩編著『別掲書』219-245頁

宮池明（2019）『若者のライフステージに応じた切れ目ない支援と組織体制の構築について～子ども・若者のライフステージに応じた奈良市の自治体における事例から～』放送大学2019年度卒業研究

宮﨑隆志（2008）「『ユースワーカー』の養成・研修に関する実践的研究」『マツダ財団研究報告書 Vol.20』25-35頁

宮原誠一（1966）『青年期の教育』岩波新書

宮原誠一（1977）「社会教育の本質」『宮原誠一教育論集』第二巻 国土社

宮本太郎（2017）『共生保障―〈支え合い〉の戦略―』岩波新書

宮本みち子・小杉礼子編著（2011）『二極化する若者と自立支援―「若者問題」への接近―』明石書店

宮本みち子編（2015）『すべての若者が生きられる未来を』岩波書店

村井尚子（2014）「ヴァン＝マーネンの教育的タクト論：定義と特徴」『大阪樟蔭女子大学研究紀要』第4巻、181-192頁

村井尚子（2019）「教育的タクトの養成に関する一考察―教職課程の授業との関連から―」『京都女子大学教職支援センター研究紀要』第1号　1-13頁

村田久行（2010）『援助者の援助―支持的スーパービジョンの理論と実際』川島書店

望月彰（2004）『自立支援の児童養護論―施設でくらす子どもの生活と権利―』ミネルヴァ書房

森川すいめい（2016）『その島のひとたちは、ひとの話をきかない―精神科医、「自殺希少地域」を行く―』青土社

森本千尋（2008）『子どもの自尊感情を育てる教育』2007年度奈良教育大学教育学部卒業論文

文部科学省（2019）「平成30年度児童生徒の問題行動・不登校等生徒指導上の諸課題に関する調査結果について」初等中等教育局児童生徒課

文部省初等中等教育局（1992）『登校拒否（不登校）問題について―児童生徒の「心の居場所」づくりを目指して―』（学校不適応対策調査研究協力者会議報告）

矢口徹也編著（2011）『社会教育と選挙―山形県青年団、婦人会の共同学習の軌跡』成文堂

山口昌男（2000）『文化と両義性』岩波現代文庫

山﨑勢津子（2019）『まずはケアの話から始めよう』ゆみる出版

山田裕子・宮下一博（2007）「青年の自立と適応に関する研究：これまでの流れと今後の展望」『千葉大学教育学部研究紀要』第55巻、7-12頁

山田由紀子（2016）『少年非行と修復的司法─被害者と加害者の対話がもたらすもの─』新科学出版社

山野則子・吉田敦彦・山中京子・関川芳孝（2012）『教育福祉学への招待』せせらぎ出版

ユースワーカー全国協議会（準備会）編（2019）『ユースワークって何だろう!?～12の事例から考える～』（ワークブック）奈良教育大学次世代教員養成センター、子ども・若者支援専門職養成研究所

ユニセフ（国際児童基金）（2001）『世界子供白書』日本ユニセフ協会

ユネスコ「21世紀教育国際委員会」報告書（1997）『学習：秘められた宝』ぎょうせい

横江美佐子（2017）「若者の成長を支えるユースワーク─青少年活動センターでの取り組みから─」『月刊社会教育』10月号　18-22頁

横浜市青少年自立支援研究会提言（2007年3月）

吉田昇編（1979）『学校外教育』亜紀書房

ヴァン マーネン, マックス（2011）『生きられた経験の探究─人間科学がひらく感受性豊かな"教育"の世界』ゆみる出版

レヴィン, クルト（2017）『社会科学における場の理論』ちとせプレス

ローレンス, D.（2008）『教室で自尊感情を高める』田研出版

若者支援全国協同連絡会（JYCフォーラム）編（2016）『「若者支援」のこれまでとこれから─協同で社会をつくる実践へ─』かもがわ出版

渡邊洋子・立石美佐子・川野麻衣子（2017）「地域子ども活動団体の現状と支援観─社会教育的支援とは何か─」日本社会教育学会編『別掲書』146-158頁

割田大吾（2017）「ひきこもり当事者活動の実践と今後の展望」『月刊社会教育』10月号23-27頁

Bauer, Petra (2017): Sorge und Fürsorge. In: Kessl, f./ Fruse, E./ Stövesand, S./ Thole, W.(Hrsg.): a.a.O. S.211-221.

Bock, K. (2002): Die Kinder- und Jugendhilfe. In: Thole, W.(Hrsg.): a.a.O. S.299-315.

Brückner, M.(2011): Care – Sorgen als sozialpolitische Aufgabe und als soziale Praxis. In: Otto, H.-U./ Thiersch, H./ Treptow, R./ Ziegler, H. (Hrsg.) : a.a.O. S.212-218.

Gollob, Rolf/ Huddleston, Edward/ Krapf, Peter/ Salema, Maria-Helena/ Spajic-Vrkas, Vedrana (2007): *Tools on Teacher Training for Education for Democratic Citizenship and Human Rights Education*. Strasbourg: Council of Europe.

Fischer.Jörg/Graßhoff, Gunther (Hrsg.)(2001): *Fachkräfte! Mangel! Die Situation des Personals in der Sozialen Arbeit*. Weinheim: Beltz Juventa.

Flösser, G./Otto, H.-U./Rauschenbach, Th./Thole, W.(1998): Jugendhilfeforschung. Beobachtungen zu einer wenig beachteten Forschungslandschaft. In: Rauschenbach, Th. /Thole, W.(Hrsg.): *Sozialpädagogische Forschung*. Weiheim/München, S. 225-262.

Gängler, Hans(2005): Hilfe. In: Otto, H.-U./ Thiersch, H.(Hrsg.): Handbuch der Sozialarbeit/ Sozialpädagogik. (3. Aufl.). Neuwied/ Kriftel: Luchterhand, S.772-786.

Grunwald, Klaus/ Thiersch, Hans (2018): Lebensweltorientierung. In: Otto, H.-U./ Thiersch, H./ Treptow, R./ Ziegler, H. (Hrsg.): a.a.O. S.906-915.

Hamburger, F.(2003): *Einführung in die Sozialpädagogik*, Stuttgart（F．ハンブルガー (2013)『社会福祉国家の中の社会教育―ドイツ社会教育入門―』有信堂）

Hatton, Kieron(2012): Youth Inclusion and Social Pedagogy: a UK Perspective. In: *Biennale internationale de l'éducation, de la formation et des pratiques professionnelles*, Jul 2012, pp.1-13.

Hatton, K. (2013): *Social pedagogy in the UK : Theory and Practice*. Dorset.

Huber, Josef/ Harkavy, Ira (eds.) (2007): *Higher Education and Democratic Culture. Citizenship, Human Rights and Civic Responsibility*. Strasbourg.

Kessl, F./ Klein, A./ Landhäußer, S. (2011): Armut und Prekarisierung von AdressatInnen Sozialer Arbeit. In: Thole, W. (Hrsg.): a.a.O. S.541-547.

Kessl, f./ Fruse, E./ Stövesand, S./ Thole, W.(Hrsg.) (2017): *Soziale Arbeit - Kernthemen und Problemfelder*. Opladen/ Tronto: Verlag Barbara Budrich.

Ludewig, Kurt (2015): *Systemische Theapie. Grundlagen, klinische Thoerie und Praxis*. Heidelberg: Carl-Auer.

Maus, F./ Nodes, W./ Röh, Dieter (2010): *Schlüsselkompetenzen der Sozialen Arbeit. für die Tätigkeitsfelder Sozialarbeit und Sozialpädagogik*. (2. Auflage) Schwalbach/Ts.: Wochenschau Verlag.

Müller, B. (2011): Professionalität. In: Thole, W. (Hrsg.): *Grundriss Soziale Arbeit*, 3., überarbeitete und erweiterte Aufl. VS Verlag für Sozialwissenschaften. S.955-974.

OECD(2009) : *Jobs for Youth: Japan 2009*.

Otto, H.-U./ Thiersch, H./ Treptow, R./ Ziegler, H. (Hrsg.) (2018): *Handbuch Soziale Arbeit. Grundlage der Sozialarbeit und Sozialpädagogik*. (6. überarbeitete Aufl.) München: Ernst Reinhardt Verlag.

Mayeroff, Milton (1971): *On Caring*. William Morrow Paperbacks;Reissue.（ミルトン・メイヤロフ〈1987〉『ケアの本質―生きることの意味―』ゆみる出版）

Schilling, Johannes(2005): *Soziele Arbeit: Geschichte - Theorie - Profession*. München: Ernst Reinhardt Verlag.

Schilling, J./ Klus, S.(2018): *Soziale Arbeit: Geschichte - Theorie - Profession*. (7. aktualisierte Aufl.) München: Ernst Reihardt Verlag.

Schön, D.A.(1987): *Educating the Reflective Practitioner*. San Francisco: Jossey-Bass.

Smith, Mark/ Fulcher, Leon/ Doran, Peter (2013): *Residential child care in practice (Social Work in Practice)*. Chicago: Policy Press.（スミス，マーク／フルチャー，レオン／ドラン，ピーター，他〈2018〉『ソーシャルペダゴジーから考える施設養育の新たな挑戦』明石書店）

Thole, W. (2011): Die Soziale Arbeit – Praxis, Theorie, Forschung und Ausbildung. In: Thole, W. (Hrsg.): a.a.O. S.19-70.

Thole, W. (Hrsg.) (2011): *Grundriss Soziale Arbeit*, 3., überarbeitete und erweiterte Aufl. VS Verlag für Sozialwissenschaften.

Tronto, Joan C. (2015): *Who Cares?: How to Reshape a Democratic Politics (Brown Democracy Medal)*. Ithaca and London: Cornell University Press.

Tronto, J. (1994): *Moral boundaries: A political argument for an ethic of care*. London: Routledge.

Ward, A. (2007): *Working in Group Care: Social Work and Social Care in Residential and Day Care Settings*. (Revised Second Edition) Bristol: BASW/Policy Press.

Walter, Uta M.(2017): *Grundkurs methodisches Handeln in der Sozialen Arbeit*. München: Ernst Reinhardt Verlag.

〈初出一覧〉

本書の各章の初出は以下の論文等である。なお、いずれも大幅に加筆・修正している。

［1. 子ども・若者支援における概念整理—支援、ケアとの関連において—］
　書き下ろし

［2.「第三の領域」と「社会教育的支援」概念—ドイツにおける議論を中心に—］
　・生田周二・帆足哲哉（2020）「子ども・若者支援における『第三の領域』と『社会教育的支援』概念に関する研究—日本とドイツにおける議論を中心に—」『奈良教育大学次世代教員養成センター研究紀要』第6号　15-23頁

［3. 子ども・若者期を支援する包括的な「第三の領域」の欠損の背景］
　・生田周二（2016）「権利としての子ども・若者支援—"第三の領域"の構築に向けて—」『月刊社会教育』723号 3-9頁
　・生田周二（2020）「子ども・若者支援の新たなパラダイム—専門性の構築に向けて—」『奈良教育大学教育学部紀要』第69巻第1号（人文・社会科学）193-212頁

［4. 子ども・若者支援の歴史的理解—「学問」領域の欠損—］
　・生田周二（2016）「権利としての子ども・若者支援—"第三の領域"の構築に向けて—」『月刊社会教育』723号 3-9頁
　・生田周二（2017）「序：子ども・若者支援における『社会教育的支援』の枠組み」日本社会教育学会編『子ども・若者支援と社会教育』東洋館出版社 14-27頁
　・生田周二（2020）「子ども・若者支援の新たなパラダイム—専門性の構築に向けて—」『奈良教育大学教育学部紀要』第69巻第1号（人文・社会科学）193-212頁

［5. 自立について……自立の五側面］
　・生田周二（2016）「子ども・若者支援と自立の枠組み—"第三の領域"の構築に向けて—」『奈良教育大学教育学部紀要』第65巻第1号（人文・社会科学）183-193頁
　・生田周二（2017）『子ども・若者の自立と支援—「子ども・若者支援」という課題の登場—』奈良教育大学出版会（E－Book）

［6. 居場所、アニマシオン、自尊感情］
　・生田周二（2016）「子ども・若者支援と自立の枠組み—"第三の領域"の構築に向けて—」『奈良教育大学教育学部紀要』第65巻第1号（人文・社会科学）183-193頁

［7. 対話の意義と役割］
　・生田周二（2019）「子ども・若者支援における対話の一考察」『奈良教育大学教育学部紀要』第68巻第1号（人文・社会科学）203-211頁

［8. 子ども・若者支援領域の言語化をめざして—専門性の欠損への対抗—］
　・生田周二（2020）「子ども・若者支援の新たなパラダイム—専門性の構築に向けて—」『奈良教育大学教育学部紀要』第69巻第1号（人文・社会科学）193-212頁

［9.　子ども・若者支援に従事する者の専門性試論］
　・生田周二（2020）「子ども・若者支援の新たなパラダイム―専門性の構築に向けて―」『奈良教育大学教育学部紀要』第69巻第1号（人文・社会科学）193-212頁
　・生田周二（2020）「はじめに」子ども・若者支援専門職養成研究所編『子ども・若者支援専門職養成ガイドブック―共通基礎―』（サンプル版）1-4頁
［10.　補論　social（社会的）な視点から見た子ども・若者支援］
　書き下ろし

【著者紹介】

生田 周二（いくたしゅうじ）

1955年、奈良県生まれ。
奈良教育大学名誉教授：同特任教授、放送大学客員教授（奈良学習センター所属）、
子ども・若者支援専門職養成研究所代表。
専門：社会教育、人権教育
主な著書：『統合ドイツの異文化間ユースワーク』大空社（1998年）、『差別・偏見と教育—人権教育への疑問』部落問題研究所（2001年）、『人権と教育—人権教育の国際的動向と日本的性格』部落問題研究所（2007年）、『青少年育成・援助と教育—ドイツ社会教育の歴史、活動、専門性に学ぶ』（大串隆吉・吉岡真佐樹と共著）有信堂高文社（2011年）、など。

本文組版：小國文男
装丁・デザイン：小島トシノブ

子ども・若者支援のパラダイムデザイン
　　　　—"第三の領域"と専門性の構築に向けて—

2021年5月1日　　第1刷発行

著　者　生田周二
発行者　竹村正治
発行所　株式会社 かもがわ出版
　　　　〒602-8119　京都市上京区堀川通出水西入ル
　　　　TEL 075(432)2868　FAX 075(432)2869
　　　　振替 01010-5-12436
　　　　ホームページ http://www.kamogawa.co.jp
印刷所　シナノ書籍印刷株式会社

ISBN978-4-7803-1154-9 C0037　　　　　　　　　　©2021生田周二

山本　耕平◎著

ひきこもりソーシャルワーク

多様化するひきこもりをめぐる問題、「引き出し屋」などの〝ひきこもり産業〟の問題をソーシャルワークの視点でとらえ直し、〈生きる場と関係の創出〉に向けた方法と思想を示す。

《B5・148頁・本体2200円》

ひきこもりソーシャルワーク
生きる場と関係の創出

山本耕平

〝8050問題〟をはじめ多様化するひきこもりをめぐる課題を、わたしたちはどのように受けとめ、どのような支援を構想することができるのか。安心してひきこもりつつ育ちもあえる場土関係と、制度と社会をつくるために、当事者・家族・ソーシャルワーカーがともに取り組む実践の全体像。

阿比留久美・岡部茜・御旅屋達・原未来・南出吉祥◎編

「若者／支援」を読み解くブックガイド

《若者たちはどんな世界を生きているのか》から《実践現場の挑戦》まで、七九冊の本を七つのカテゴリーに分けて紹介する若者目線のブックガイド。

〈A5・200頁・本体1800円〉